现代中国语句子结构

현대중국어 문장구조의 이해

이화범 지음

신아사

머리말

필자가 중국어를 배우기 시작한 1980년대에는 중국어 문법이란 과목은 생소한 과목이었다. 심지어 중국어를 좀 더 배우기 위해 찾은 중국어 학원에서도 문법을 가르치는 수강과목을 찾아 볼 수 없었다. 당시에 대부분 학원의 중국어 선생님은 한국에 거주하는 화교들이 맡고 있었지만, 중국어의 문법적 현상에 대하여 물어보면 언제나 "중국인들은 습관상 이렇게 말한다."라고만 했지 구체적인 설명을 듣지는 못하였다.

당시에 비록 중국어를 잘하진 못했지만 중국어와 중국어 교육에 대해 관심이 많았던 필자는 좀 더 중국어를 배워야겠다는 생각에 헌중수교를 맺은 이듬해인 1993년에 중국 베이징으로의 유학을 결심하였다.

중국어를 학습하며 언제나 중국어 문장은 왜 이렇게 구성될까라는 의문을 가졌던 필자는 일정기간의 언어연수를 거쳐 베이징 대학 對外漢語教學中心의 대학원에서 현대 중국어 문법을 연구하며 중국어에 대한 많은 의문을 해결할 수 있었다.

모호한 체계를 통한 언어학습과 체계성을 갖춘 언어학습의 차이는 컸다. 아마도 내 중국어 수준이 지금만큼이라도 성장할 수 있었던 계기가 문법을 체계적으로 공부할 수 있었던 이 시기였던 것으로 기억한다.

한국에 돌아와 대학 강단에서 교편을 잡은 지 10여 년, 대학 내의 여러 가지 국제교류 프로그램이나 중국어 능력 향상을 위한 학과 커리큘럼을 통해 학생들의 중국어 구사 능력은 내가 대학을 다닐 때에

비하여 월등히 향상됐다는 것을 느낀다.

그렇지만, 학생들이 일정한 수준에 이르면 더 이상의 진보는 보이지 않고, 중국어 독해 능력 또한 정체되어 있는 것을 종종 발견할 수 있었다. 물론 중국어 수준이 정체 현상을 일으키는 많은 이유가 있겠지만, 중국어 문법 과목을 강의하던 필자가 떠올린 것은 문법 교육의 방향이 잘못된 것은 아닐까하는 생각이었다. 한동안 구HSK(중국어 능력 시험)의 문법 항목에 맞추어 주로 단어를 중심으로 기능과 의미에 치중하여 강의를 하였다. 이러한 교육방향은 학생들의 중국어에 대한 이해력을 증진시키긴 하였지만, 문장을 구성하는 전체적인 그림을 인식하는 데는 부족한 부분이 있음을 생각하게 되었다.

중국어 문법이란 중국어의 단어와 구의 기능과 이들이 문장을 구성하며 나타나는 결합구조를 귀납한 언어 규칙이라 볼 수 있다. 단어의 의미와 기능을 파악하였다면 당연히 다른 단어와의 결합을 통해 구조적으로나 의미적으로 확장되는 결합 규칙을 알아야 한다. 이러한 맥락에서 신HSK에서는 단어나 구의 기능에 대한 이해 능력을 평가하기 위한 문법 항목을 없애고 작문이나 회화 시험에 문장을 중심으로 문법 항목을 평가하는 방향으로 체계적 변화를 시도한 것으로 알고 있다.

중국어는 시제나 단수, 복수 등에 의한 형태변화가 없기 때문에 문장의 의미를 결정하는 주요소를 단어의 배열순서와 문법적 의미만을 갖는 허사에서 찾을 수 있다. 필자는 여기서 얘기하는 단어의 배열순서라는 것은 문장성분의 위치와 맥을 같이하고 있다고 본다. 문장을 구성하는데 있어서 단어와 단어, 구와 구의 결합관계를 나타내는 문장성분을 논하지 않고는 중국어 문장의 구성을 논할 수 없다고 판단한다.

기존의 대다수 문법서들은 단어의 기능을 중심으로 기술되어 있다고 생각한다. 필자는 단어의 기능에서 더 나아가 문장성분을 중심으로 한 문장의 구성을 알 수 있는 안내서가 필요하다는 인식하에 이 책을 집필하게 되었다. 이 책이 아직은 이론적으로 부족한 부분이 많은 이분법 분석체계를 이용하였지만, 중국어 문장의 구성을 이해하는 데는 도움이 될 수 있을 것이라 생각한다.

다만 아쉬운 것은 필자의 역량이 부족하여 내용이나 서술에 있어서 다소 간의 오류가 있는 것은 면할 수 없었다. 선후배 연구자들과 독자들의 많은 叱正을 바란다.

마지막으로 현재 많은 중국어 문법서가 출판되는 현실에서 또 다른 문법서가 필요할까라는 의구심을 가지고 있는 필자에게 인내를 가지고 본서를 출판할 수 있도록 독려해 주신 신아사의 한규갑 상무님께 깊은 감사의 말씀을 전한다. 아울러 이 책이 나오기까지 물심양면으로 지지해주고 교정을 도와준 인생의 반려자이자 학문적 동반자인 박유선 선생과 박사과정의 김지희 선생, 한옌제 선생에게도 심심한 감사의 마음을 전한다.

2016년 6월

이화범

일러두기

1. 이 책은 중국어의 문법적 기능을 다루기보다는 문장성분을 통한 문장의 구성을 살펴보는데 역점을 두었다. 때문에 하나 하나의 기능을 살펴보기보다는 처음부터 마지막 장까지 정독을 통하여 중국어 문장 구성의 흐름을 파악하는데 역점을 두어 읽어보길 권한다.
2. [ ] : 중국어 용어를 표시한다.
3. ( ) : 보충 설명이나 해석을 표시한다.
4. 〈 〉 : 문장성분을 표시한다.
5. ※ : 추가적인 설명이나 주의해야 할 내용을 표시한다.
6. 주 서 : 주어 + 서술어
7. 술 목 : 술어 + 목적어
8. 술 보 : 술어 + 보어
9. 관 중 : 관형어 + 중심어
10. 부 중 : 부사어 + 중심어
11. 연 합 : 병렬구조 또는 연합구조
12. 개 목 : 개사 + 개사목적어
13. 연 동 : 연동구
14. 겸 어 : 겸어구
15. * : 문장이 성립되지 않는 구문, 즉 비문[非文]을 표시한다.

목 차

Ⅰ. 현대 중국어 문장구조와 문법 • 13

Ⅱ. 단어의 구성과 분류 • 33

Ⅲ. 구의 종류와 구조 • 111

Ⅳ. 문장의 단계별 구조형식 • 203

Ⅴ. 일반문[常式句]과 변식문[变式句] • 229

현대 중국어 문장구조의 이해

Ⅰ. 현대 중국어 문장구조와 문법

어떤 언어이든 그 언어의 문장구조를 이해하기 위해서는 문장을 구성하는 규칙을 알아야 한다. 때문에 현대 중국어의 문장구조에 대한 이해는 현대 중국어의 문장구성 규칙, 즉 현대 중국어 문법의 이해와 불가분의 관계에 있다.

문법(grammar)이란 단어[词]와 구[短语]의 기능과 이들이 문장[句子] 속에서 나타나는 결합구조를 나타내는 언어 규칙을 말한다.

중국에서 문법[文法][1]이란 용어는 아래와 같이 宋代 吳氏가 지은 《林下偶談》 속에서 찾아볼 수 있다.

"韓柳文法祖《史記》。"

唐代 韓愈와 柳宗元의 글쓰기는 역사서 《史記》를 따른다.

이 문구에서 표현된 "文法"은 "글 쓰는 법"이란 의미이지 현대적 의미의 언어 규칙을 나타내지는 않는다. 비록 현재 전해지고 있는 중국

---

1) 한자문화권의 국가에서 전통적으로 언어의 규칙, 즉 "grammar"를 말할 때 "文法"이라는 용어를 써왔다. "語法"이라는 용어는 "문법"보다 뒤에 쓰인 용어이지만, 중국 대륙의 학자를 중심으로 "語"가 고대와 현대의 언어, 서면어와 구어 등 "言語"라는 개념을 포괄적으로 수용할 수 있다고 여기며 "어법"이라는 용어를 보편적으로 사용하고 있다. 자칫 현재도 "어법"이라는 용어와 함께 쓰이고 있는 "문법"이라는 용어를 서면어에 국한된 언어 규칙이라 오해하기 쉽지만, 실질적으로는 "어법"과 같은 개념의 용어로 보아야 한다.

의 문헌 속에서 중국어 언어 규칙에 관한 내용들이 언급되어 있기는 하지만, 총체적이며 체계적인 형태를 찾아보기는 어렵다.

사실상 현대적 의미의 중국어 문법은 1898년 馬建忠의《馬氏文通》의 출현과 함께 체계적인 문법연구가 시작되었다 할 수 있다.

우리 한국어가 언어의 유형학적 분류에 의하면 우랄 알타이어계(Ural–Altaic language-family)에 속하여 교착어적 성격을 지닌 반면에 중국어는 고립어적 성격을 지닌 한장어계(漢藏語系:Sino-Tibetan Family)에 속한다.

고립어는 각각의 단어가 하나의 완전한 개념을 갖고 있는 언어를 말하는 것으로서 여러 단어가 모여 구나 문장을 구성하며, 단어나 구의 배열순서에 의해 문장의 의미가 결정되기도 한다. 예를 들면 아래와 같다.

I love him.	나는 그를 사랑한다.	我 爱 他。
He loves me.	그는 나를 사랑한다.	他 爱 我。

영어에서는 주어의 인칭관계에 의해 동사에 변화가 나타나고, 행위의 주체인 주어가 되는지, 행위의 대상인 목적어가 되는지에 따라 형태변화를 일으킨다.

우리말에서는 비록 주어의 인칭관계에 의해 동사변화가 일어나지는 않지만 주격(-은, -는, -이, -가)과 목적격(-을, -를)의 격조사를 통해 주어와 목적어를 표현할 수 있다.

그러나 중국어는 주어의 인칭관계에 따라 동사의 변화가 나타나지 않으며, 주어와 목적어, 즉 단어나 구의 위치에 근거하여 의미를 표현한다.

고립어의 이러한 특성은 조사, 개사 등의 활용에 의해서도 의미가 결정될 수 있다. 조사의 예를 들어 설명하면 아래와 같다.

我们吃牛肉面。 우리는 소고기 국수를 먹는다.
我们吃了牛肉面。 우리는 소고기 국수를 먹었다. (완료)
我们吃着牛肉面。 우리는 소고기 국수를 먹고 있다. (진행)
我们吃过牛肉面。 우리는 소고기 국수를 먹은 적이 있다. (경험)

위에 나열한 예문에서 알 수 있듯이 고립어인 중국어는 "우리는 소고기 국수를 먹는다."는 사실적 서술에 동작행위의 상태를 나타내는 조사 "了, 着, 过"를 첨가하여 "완료, 진행, 경험"의 의미를 가진 문장으로 표현할 수도 있다.

결국 고립어인 중국어는 단어 자체의 형태변화가 없기 때문에 문장의 표현에 있어서 단어나 구의 배열순서와 조사와 같이 실질적 의미는 찾을 수 없지만 문법적 의미만을 지닌 단어 등에 의해 표현하려는 의미가 결정된다고 볼 수 있다.

이러한 이유로 本書에서는 문법에 대한 이해를 바탕으로 현대 중국어 문장을 분석하고 그 문장의 구조를 알아보려 한다.

1. 현대 중국어 문법의 규범화

1898년 馬建忠의 《馬氏文通》은 체계적인 문법 저서로서, 이후의 문법 연구의 근간을 형성하고 있지만, 《馬氏文通》의 연구 대상은 古代 문헌 속에 나타나는 중국어, 즉 古代 書面語이고, 서구(西歐)의 문법 체계에 따라 체계가 정립되어 있다.

이후, 많은 중국의 문법 학자들은 중국어의 특성에 맞는 중국어의 이론적 문법 체계를 연구하여 왔고, 여기서 정립된 이론 문법체계는

1956년에 중국어 교육을 위한 규범화를 위해 공포된 "暫擬漢語教學語法系統"(이하 편의상 "통일안"으로 지칭한다)과 1984년에 暫擬漢語教學語法系統을 바탕으로 수정하여 제정된 "中學教學語法系統提要(試用) "(이하 "수정안"으로 지칭한다)에 많은 영향을 미쳐 교학 문법체계의 형성, 즉 중국어 문법의 규범화와 문법교육에 큰 역할을 담당하였다.

결국 중국어 문법체계를 총체적으로 살펴보면 이론문법[理论语法]과 교학문법[教学语法]으로 나누어볼 수 있다. 이론문법이 문법학자들이 자신의 어감과 사실적 자료를 근거로 분석하고 연구하여 형성된 체계라면, 교학문법은 이론문법을 근거로 교육의 일관성과 체계화를 위해 규범화된 체계라 할 수 있다.

本書에서는 이론문법이 학자들마다 다양한 견해 차이를 보이는 언어현상이 있다는 사실의 인식 속에 교육을 위해 규범화된 교학문법을 바탕으로 현대 중국어 문장의 구조를 살펴보려 한다.

다만 위에 언급한 "통일안"과 "수정안"에도 다소 차이가 있다는 것을 고려하지 않을 수 없다. 현재 중국과 우리나라에 출판된 많은 문법 저서들에도 두 교학문법의 체계에 따라 서로 다른 용어나 견해 차이를 보이는 부분이 있다. 간략히 비교해보면 아래와 같다.

1.1. "통일안"과 "수정안"의 문장 구성요소[语法单位]

통일안[暂拟系统]	형태소[语素], 단어[词], 구[词组], 문장[句子]
수정안[系统提要]	형태소[语素], 단어[词], 구[短语/词组], 문장[句子], 문단[句群]

"통일안"은 "수정안"에서 다루고 있는 문단을 별도로 분류하지 않

고, 문장과 문장 간의 관계를 언급하고 있다. 구성요소의 역할에 있어서도 "통일안"에서는 문장구성의 핵심요소를 "단어"라 보았고, 특수한 경우를 제외하고는 단어가 주로 문장성분이 되는 것으로 규정하고 있다. "수정안"은 중국어를 구성하는 핵심요소를 "구"로 인식하여 문장구성에 있어서 "구"가 단순히 단어의 조합이 아닌 자체로 문장성분이 되는 핵심적 요소로 판단하여 "短语"라는 용어를 설정하고 단어의 조합을 의미하는 "词组"와 함께 사용하도록 하였다.

1.2. "통일안"과 "수정안"의 단어의 분류 체계

통일안	实词	명사[名词], 동사[动词], 형용사[形容词], 수사[数词], 양사[量词], 대사[代词]	11품사
	虚词	부사[副词], 개사[介词], 접속사[连词], 조사[助词], 탄사[叹词]	
수정안	实词	명사[名词], 동사[动词], 형용사[形容词], 수사[数词], 양사[量词], 대사[代词]	12품사
	虚词	부사[副词], 개사[介词], 접속사[连词], 조사[助词], 탄사[叹词], 의성사[拟声词]	

중국어 문법에서는 단어를 크게 "실사[实词]"와 "허사[虚词]"로 구분하고 있다. "실사"가 실질적인 의미를 갖고 문장 속에서 독립적으로 응용되는 단어라면, "허사"는 실질적인 의미를 명확히 구분하기는 어렵지만, 문장 속에서 다른 단어와의 호응 속에 구조적 혹은 문법적 의미를 가진 단어를 말한다. 이러한 대분류를 기준으로 "통일안"은 단어를 11종의 품사로 분류하였고, "수정안"은 여기에 "의성사"를 따로 추가하여 12종의 품사로 분류하고 있다.

"통일안"이 단어의 분류에 있어서 단어의 의미를 중심으로 문법적 특성을 함께 고려하였다면, "수정안"은 단어의 기능을 우선 고려하고 단어의 의미를 분류의 차선의 요소로 보는 것이 큰 차이로 나타나고 있다.

이러한 견해는 품사의 설정에서 조사 중 동사나 형용사를 수식하는데 쓰이는 "地(di)"와 명사를 수식하는데 쓰이는 "的(de)"를 수식의 기능을 표시하는 "的" 하나로 통합하는 것으로도 나타나고 있다.

아울러 용어의 설정에 있어서도 "수정안"은 의미보다는 기능에 근거하여 설정하고 있다. "통일안"에서는 동사나 일부 형용사 뒤에 부가되는 조사 "了，着，過"를 시간과 연관된 의미를 표시하는 시태조사[时态助词]로 설정하였지만, "수정안"에서는 동작의 상태를 표시하는 동태조사[动态助词]로 설정하고 있다.

1.3. "통일안"과 "수정안"의 문장분석법[析句法]

통일안	중심어분석법[中心词分析法]
수정안	층차분석법[层次分析法] + 문장성분분석법[句子成分分析法]

"통일안"은 달리 문장성분분석법[句子成分分析法]이라 일컫는 중심어분석법을 사용하고 있다. 문장성분을 "주어, 술어, 목적어, 보어, 부사어, 관형어" 6종의 성분으로 분류하고 있다. "我 // 韩国人.(주어+술어)"처럼 명사구가 술어가 되는 특수한 경우를 제외하고는 단어만을 문장성분으로 분석하고 있다. 이로 인해 주어나 술어 부분이 단어의 조합인 "구"로 구성된 문장일 경우 따로 "주어부"와 "술어부"라는

용어로서 분석하고 있다. 예를 들면 아래와 같다.

我们的老师正在研究着唐代诗歌。
우리의 선생님은 唐代 시가를 연구하고 계시다.

분석:

주어부	술어부
我们的老师	正在研究着唐代诗歌

주어부와 술어부를 다시 분석하여 아래와 같은 문형으로 표기한다.

관형어(我们)+주어(老师)+부사어(正在)+술어(研究)+관형어(唐代)+목적어(诗歌)

"통일안"과는 달리 "수정안"은 문장성분을 "주어, 술어, 목적어, 보어, 관형어, 부사어, 중심어" 7종의 성분으로 분류하고 있다. "통일안"이 단어 중심의 문장 분석이라면 "수정안"은 구를 통하여 단어와 문장을 통합적으로 볼 수 있다는 견해 속에서 나온 중국어 특성에 좀 더 근접한 문장 분석이라 할 수 있다.

또한 "수정안"에서는 언어가 "단어→구→문장"의 층차적 조합을 통하여 이루어진다는 단계성을 보충하여 좀 더 중국어 특성에 적합한 층차분석법[层次分析法]과 문장성분 분석법을 통합한 "테두리 형 도해법[框式图解法][2)]" 체계로 문장을 분석한다. 테두리 형 도해법은 하나의 성분을 두 개로 나누어 분석한다고 해서 달리 "이분법"이라 한다.

2) 본문에서는 큰 성분에서 작은 성분, 즉 구에서 단어까지 분석하는 방법을 채택하였다.

이분법에 의한 분석은 크게 "작은 성분에서 큰 성분으로", 즉 단어에서 구로 분석하는 방법과 "큰 성분에서 작은 성분으로", 즉 구에서 단어까지 분석하는 방법이 있다. 도해법을 통해 보면 아래와 같다.

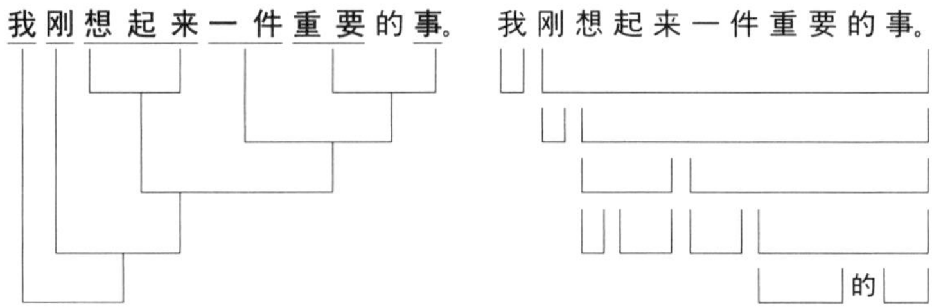

위 도해를 통해 알 수 있듯이 "수정안"에서는 단어뿐만 아니라 구 자체가 문장성분이 될 수 있기 때문에 "통일안"에서 보이는 주어부, 술어부의 분석은 사용하지 않는다. 예를 들면 아래와 같다.[3]

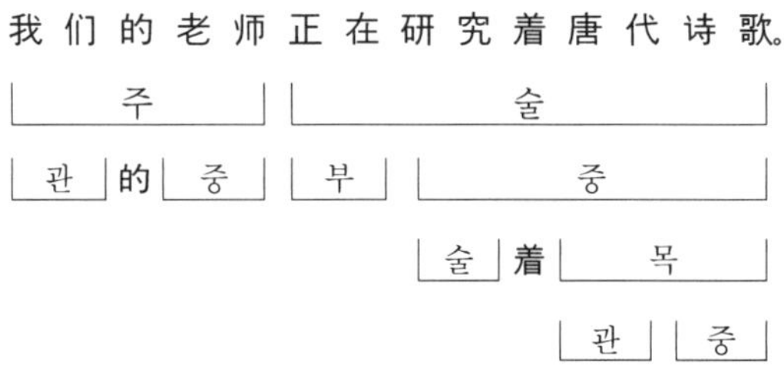

"수정안"에서는 이러한 이분법적 분석 외에 좀 더 긴 단문이라면 각 문장성분마다 특정한 부호를 설정하여 분석하는 "부호도해법[符号图

---

3) 이후 편의상 "주어=주, 서술어=서, 술어=술, 목적어=목, 보어=보, 관형어=관, 부사어=부, 중심어=중"으로, 또한 연합관계는 "연합"으로, 연동구는 "연동", 겸어구는 "겸어", 개사구는 "개 + 목"으로 간략하게 표시한다.

解法]"을 사용하기도 한다.[4)]

‖ : 주어와 서술어 사이에 두어 주어와 서술어를 구분

| : 주어와 서술어가 아닌 구의 문장성분 사이에 두어 성분과 성분을 구분

= : 여러 개의 구로 구성된 문장에서 주어의 아래 두어 주어를 표시

— : 여러 개의 구로 구성된 문장에서 서술어의 아래 두어 서술어를 표시

~~~ : 목적어 아래 두어 목적어 표시

( ) : 관형어를 표시

[ ] : 부사어를 표시

〈 〉 : 보어를 표시

예문 :

(三班)班长‖[用几句话][就][向老师]说〈清楚〉了(班里刚才发生的)(不愉快的)事情。

3반 반장은 단 몇 마디로 선생님께 반에서 방금 발생한 유쾌하지 않은 일을 명확하게 말했다.

4) 인용《中學教學語法和語法教學》(397쪽, 語文出版社, 1999.)
~~~

2. 문장성분[句子成分]

문장성분이란 문장 속에서 특정한 역할을 하며 단어와 구, 문장의 결합구조에 대한 관계를 나타내는 성분으로 문장구성법성분[句法成分]이라고도 한다.

앞서 설명하였듯이 "통일안"은 "주어, 술어, 목적어, 보어, 관형어, 부사어"의 6종의 성분으로 분류하고 있고, "수정안"은 "주어, 술어, 목적어, 보어, 관형어, 부사어"에 피수식어인 "중심어"를 추가하여 7종으로 분류하고 있다.

문장성분에 관한 위 두 문법체계의 가장 큰 차이는 아래와 같이 두 가지로 볼 수 있다.

첫 째, "통일안"에서는 동사, 형용사가 주어, 목적어가 될 때 명사적 의미로 분석하던 "명사화[名物化]" 현상을 "수정안"에서는 동사, 형용사 자체로 보는 것으로 수정한 것이다.

둘 째, 목적어가 동사술어 앞으로 전치되었을 때, "통일안"은 전치된 목적어로 보는데 반해 "수정안"에서는 대화자 간에 서로 인지하고 있는 확정된 정보의 주어로 본다. 예를 들면 아래와 같다.

我买了报纸。 – **报纸我买了。**
나는 신문을 샀다. 신문은 내가 샀어.

통일안: **报纸** + **我** + **买**
전치 목적어 주어 술어

수정안: 报 纸 我 买 了

주 | 술 | 了

주 | 술

또한 "통일안"에서는 동사술어 뒤에 있는 성분이 의미적으로 행위의 주체인 경우 주어로 분석하지만, "수정안"은 의미와 상관없이 확정되지 않은 정보로 보고 목적어로 분석한다. 예를 들면 아래와 같다.

来客人了。(정확한 정보가 없는 손님)

손님이 왔다.

통일안: 来 + 客人

술어 의미상의 주어

수정안: 来 客 人 了

술 | 목 | 了

종합적으로 보면 "수정안"은 단어나 구가 문장 속에서 나타나는 위치에 따라 문장성분이 결정되는 것으로 보고 있다.

"수정안"은 6, 70년대 이후 활발하게 진행되었던 많은 문법학자들의 토론 속에서 "통일안"을 보완하여 좀 더 중국어의 특성에 맞는 문법체계를 구축하자는 의식 속에 나타난 산물이라 할 수 있다.

그러나 언어의 변천과정에서 당연히 "수정안"의 제정 이후부터 현재까지도 많은 학자들의 연구를 통해 "수정안"을 보완하는 제반 이론들을 찾아볼 수 있다.

本書에서는 "수정안"을 바탕으로 이후 심화된 제 문법학자들의 이론적 연구 결과를 참조하여 "주어[主语], 술어[述语], 목적어[宾语], 보어[补语], 관형어[定语], 부사어[状语], 중심어[中心语]"의 7종 문장성분에 "서술어[谓语]"를 추가하여 현대 중국어의 문장구조를 분석하려 한다.

비록 사전적 의미로 보면 "서술어"나 "술어"나 유사한 의미를 갖고 있지만, 성분의 차별화와 문법체계의 논리성을 확보하기 위해서 따로 분리하여 분석하는 것이 타당하다고 보기 때문이다. 위에서 분석한 예로서 설명하면 아래와 같다.

报 纸 我 买 了
|주| |술| 了 … 주어 + 술어

来 客 人 了
|술| |목| 了 … 술어 + 목적어

"수정안"의 분석에 의하면 위 두 예문의 분석에서 나타난 술어는 사실상 표시하는 의미가 다르다 할 수 있다. 전자의 술어(我买)는 진술할 대상(报纸)에 대한 설명 혹은 서술을 나타내고 있지만, 후자의 술어는 확정되지 않은 어떤 존재의 의미를 갖는 목적어(客人)에 대한 출현을 표시하는 것이다. 하지만 "통일안"이나 "수정안"에서는 이 두 성분을 하나의 용어인 "술어"로 표기하고 있어 자칫 분석 상의 혼란을 불러일으킬 수 있다. 때문에 본문에서는 아래와 같이 분석하여 좀 더 명확한 구문의 판단을 이끌어 내려 한다.

报 纸 我 买 了
|주| |서| 了 … 주어 + 서술어

来 客 人 了
|술| |목| 了 … 술어 + 목적어

本書에서는 "주어"에 대한 상대적 개념의 성분, 즉 어떤 대상을 설명하는 성분을 "서술어"로 설정하고, 목적어나 보어에 대하여 상대적인 개념을 갖는 성분, 즉 목적어나 보어를 갖는 성분을 "술어"로 분리하여 본다.

2.1. 주어[主语]

주어는 문장 속에서 설명되어지는 대상을 말한다. 의미적으로는 동작행위의 주체일 수도 있고, 대화자 간에 이미 인지하고 있는 확정된 사물일 수도 있으며, 대화에 있어서 화제가 될 수도 있다. 담당하는 어휘는 하나의 단어일 수도 있고, 구일 수도 있다.

他喝一听可乐。	그가 콜라 한 캔을 마신다.
老师写一篇文章。	선생님이 글을 한 편 쓰신다.
这部电影很有意思。	이 영화는 재미있다.
艰苦能成长一个人。	어려움은 한 명의 인간을 성장시킬 수 있다.
学习汉语确实不容易。	중국어를 공부하는 것은 확실히 쉽지 않다.

2.2. 서술어[谓语]

서술어는 문장 속에서 文頭에 쓰인 어떤 대상을 서술 또는 설명하는 성분을 말한다. 주로 서술어가 되는 것은 동사나 동사구, 형용사나 형용사구이지만, 때론 특정한 상황에서 명사나 명사구, 또는 "주어 + 서술어"의 구조로 결합된 주서구가 담당하기도 한다. 즉, 문장 구조

속에서 주어를 제외한 모든 단어나 구를 말한다.

我知道。	내가 안다.
同学们都学习汉语。	학우들이 모두 중국어를 공부한다.
这个便宜, (那个贵)。	이것은 싸고, (저것은 비싸다).
我爸爸非常忙。	나의 아버지는 매우 바쁘다.
我首尔人。	나는 서울 사람이다.
韩语他们都学会了。	한국어는 그들이 모두 배워서 알고 있다.

2.3. 술어[述语]

서술어에서 뒤에 위치하는 목적어나 보어와 결합관계를 맺는 성분이다. 대부분 동사 중 타동사가 그 역할을 담당하지만, 현대 중국어에서 때로는 일부 자동사[5]나 능원동사,[6] 동사와 형용사의 성격을 함께 겸유하고 있는 일부 형용사, 그리고 "술어+보어"로 구성된 일부 술보구조의 동사구도 술어가 되기도 한다.

听音乐。	음악을 듣다.
来电话。	전화가 오다.
会说汉语。	중국어를 말할 수 있다.

5) 방향성을 나타내는 동사 "來、去"는 문법서에서 저자의 견해에 따라 자동사로 분류하기도 하고 타동사로 분류하기도 한다. 본서에서는 기본적으로 자동사로 보고, 특수한 상황 즉 어떤 장소로의 이동이나 존재의 출현이나 소실 의미를 표현할 때만 목적어를 수반하는 것으로 판단하였다.

6) 능원동사는 별도로 조동사라고도 불린다. 능원동사는 다른 동사와는 다르게 동사나 동사구만을 목적어로 갖는다.

繁荣市场。 시장을 번영시키다. (시장을 번영하게 만들다)

拿出一些钱。 약간의 돈을 꺼내다.

2.4.목적어[宾语]

우리말에서는 목적격을 표시하는 격조사 "~을/를"이 있어 쉽게 목적어를 구분할 수 있지만, 현대 중국어에서는 반드시 동작행위의 제약을 받는다거나 우리말로 해석하였을 때 "~을/를"에 해당하는 격조사가 붙는다고 해서 목적어라 단정할 수는 없다.

의미적으로 보면 동작행위의 결과일수도 있고, 동작행위가 일어난 장소나 어떤 동작을 행하기 위한 도구, 또는 어떤 존재의 출현이나 소실일수도 있다. 때문에 중국어의 목적어는 어떤 의미를 갖고 있느냐를 보고 판단하기보다는 결합구조에서 반드시 술어 뒤에 위치하여 술어와의 의미관계를 맺고 있는 성분으로 판단하는 것이 좀 더 쉽게 목적어로 구분할 수 있다. 목적어 역시 될 수 있는 어휘는 하나의 단어이거나 구일 수 있다.

喜欢你。 너를 좋아한다.

说汉语。 중국어를 말하다.

写一篇小说。 소설 한 편을 쓰다.

买一本。 한 권을 사다.

要去北京。 베이징에 가야 한다.

喜欢看。 보는 것을 좋아한다.

不怕热闹，只怕孤独。

시끄러운 것은 두렵지 않다. 다만 외로운 것이 두려울 뿐이다.

2.5. 보어[补语]

달리 보충어라고도 하며, 동사나 일부 형용사 술어 뒤에 놓여 동작행위나 사물의 성질 혹은 상태 등을 좀 더 구체적으로 보충 설명하는 성분을 말한다.

구조적으로 보면 목적어와 같이 술어 뒤에 위치 하지만, 보어는 목적어와 달리 고정적인 형태를 보인다. 즉, 목적어가 술어와의 결합관계 속에서 의미의 확대와 축소를 자유롭게 할 수 있는 반면에 보어는 정도 혹은 상태를 표현하는 정도보어 외에는 일반적으로 하나 혹은 두 개의 단어로 고정된 형태로 구성되어 있다. 보충하는 의미에 따라 "결과보어, 방향보어, 가능보어, 정도보어"로 분류하고 있다. 예를 들면 다음과 같다.

吃饱 (결과보어)	먹은 결과 배가 부르다.
进来 (방향보어)	안으로 들어오다.
说得好 (가능보어)	말을 잘 할 수 있다.
跑得非常快 (정도보어)	뛰는 게 매우 빠르다.

보어는 문장 속에서 다른 문장성분과 함께 문장을 구성할 때, 술어와의 의미관계가 밀접하여 술보구조의 구이면서도 하나의 단어처럼 보인다. 현대 중국어에서 다음과 같은 문장구조로 구성된 문장을 쉽게 찾아볼 수 있다.

我 吃 完 了 午 饭。 내가 점심을 다 먹었다.

주 | 서

술 | 了 | 목

술 | 보

위 문장에서 목적어인 "午饭"과 의미관계를 형성하여 동작행위를 나타내는 술어는 "吃完"이지 동사 "吃"가 아니다. 즉, 위 문장이 표현하고자 하는 것은 단순히 "점심을 먹었다"라는 행위만이 아니라 점심 먹는 행위가 완료되었다는 의미를 전달하기 때문이다.

중국어에서 상술한 의미의 보어 외에 의미적으로는 결과보어에 속하지만, 다음과 같은 특수한 형태의 보어를 찾아볼 수 있다.

毕业于北京大学。	베이징 대학교를 졸업하다.
来自韩国。	한국에서 오다.

이러한 형태의 보어를 개사구 보어라 한다. 언어가 시간의 경과를 통해 끊임없이 변화하고 있다는 것은 부정할 수 없는 주지의 사실이다. 현대 중국어에서 예전에는 개사구 보어라고 인식되던 일부 "술어 + 개사구 보어" 구조가 중국어의 변화과정에서 개사가 개사의 성질, 즉 개사 뒤에는 동태조사가 올 수 없다는 법칙 등을 벗어나 앞의 동사에 동화되어 하나의 동사 단어로 구성되는 현상을 엿볼 수 있다. 아래와 같이 개사 "往, 在" 뒤에 동태조사 "了"가 들어 있는 구문을 찾아볼 수 있다.

开往上海。 상하이 행	⇒	开往了上海。 상하이로 갔다.
住在北京饭店。 베이징 호텔에서 머물다.	⇒	住在了北京饭店。 베이징 호텔에서 머물렀다.

"往, 在"가 개사가 되어 개사구 보어를 구성하였다면, 동태조사

"了"가 뒤에 붙는 위의 예문들은 기존의 문법 규칙에 어긋나는 용례라 할 수 있다. 하지만 현재 중국에서 이러한 표현이 신문지상이나 인터넷 매체에 종종 나타나는 것으로 보아 구조상의 변화가 일어나는 것으로 인식하지 않을 수 없다.

开 往 上 海。 ⇒ 开 往 了 上 海。
술 | 보 | 　 | 술 | 了 | 목

이러한 구조상의 변화는 일부 단음절 개사가 앞의 동사와 결합하여 하나의 단어로 고착되는 현상이라 볼 수 있다. 현대 중국어에서 이러한 동사 뒤 단음절 개사의 동사 편입 현상이 종종 보이고 있다. 때문에 본문에서는 위와 같은 현상이 나타나는 일부 결합구조는 개사구보어로 분류하지 않았다.

2.6. 관형어[定语]

관형어는 수식어[修饰语]의 하나로 (달리) "한정어"라 한다. 명사나 명사구 혹은 명사적 의미를 갖는 어휘[7] 앞에 놓여 그 의미를 한정 혹은 제한하는 성분을 말한다. 일반적으로 관형어가 되는 어휘는 하나의 단어일 수도 있고, 구일 수도 있다.

---

7) 중국어의 품사 분류에서 "명사, 동사, 형용사"의 경계가 명확하지 않은 경우가 있다. 예를 들면 "学习汉语(중국어를 학습하다)"와 같이 "공부하다"의 의미를 갖는 "学习"의 경우 동사이지만, 때로는 "汉语学习(중국어 학습)"처럼 명사적 의미를 표현하는 용례를 찾아볼 수 있다.

他的学生　그의 학생
木头房子　나무로 만든 집
看电视的夫人　TV를 보는 부인
美丽的城市　아름다운 도시
一本词典　한 권의 사전
对我的关怀　나에 대한 배려
我们去过的地方　우리들이 간 적이 있는 장소

2.7. 부사어[状语]

부사어 역시 수식어의 하나로 "상황어"라고도 한다. 동사(구)나 형용사(구) 앞에 놓여 시간, 장소, 정도, 범위, 양태, 긍정, 부정 등의 상황을 알려주는 성분이다. 일반적으로 부사, 동사(구), 형용사(구), 정도나 상태를 나타내는 대사, 개사구 등이 부사어가 된다.

已经走了。　이미 갔다.
努力学习电脑。　컴퓨터를 열심히 공부하다.
那么大。　그렇게 크다.
很认真地写作。　매우 진지하게 (글을)쓰다.
从北京回来。　베이징으로부터 돌아오다.

2.8. 중심어[中心语]

중심어는 달리 피수식어[被修饰语]라고 한다. 즉 수식어인 관형어나 부사어의 뒤에 놓여 수식을 받는 성분이다. 중심어 역시 하나의 단어로만 구성된 것은 아니다. 의미 표현에 따라 하나의 단어일 수도 있고 구일 수도 있다. 앞에 서술한 관형어와 부사어가 수식하는 성분이다.

他的学生
木头房子
看电视的夫人
美丽的城市
一本词典
对我的关怀
我们去过的地方
已经走了。
努力学习电脑。
那么大。
很认真地写作。
从北京回来。

Ⅱ. 단어의 구성과 분류

1. 형태소[语素]

형태소는 문장을 구성하는 요소 중 가장 작은 언어 단위로 일정한 형태와 발음, 그리고 의미를 가진다. 여기서의 의미는 실질적 의미뿐만 아니라 문법적 의미를 포함하여 지칭한다.

예를 들면, 수식관계를 표시하는 조사 "的"는 실질적 의미는 없지만, 문장 속에서 단어(구)와 단어(구)를 연결하는 수식의 의미를 갖고 있기 때문에 하나의 의미를 가진 형태소로 분류한다.

중국어에서는 일반적으로 하나의 漢字가, 하나의 음절로 하나의 형태소가 된다. 예를 들면 다음과 같다.

人 山 去 坐 美 冷 你 的 得 啊 老 子 了

위에 열거한 한자는 하나의 음절로 구성된 형태소라 하여 단음절 형태소라 한다. 하지만 단음절로 구성된 한자들만 형태소가 되는 것은 아니다. 중국어에서는 일정한 의미를 가지기 위해 두 개 또는 그 이상의 한자가 결합되어 하나의 형태소가 되는 다음절 형태소도 있다. 예를 들면 다음과 같다.

① 외래어에 대한 음역형태소[外来音译语素]

외래어	음역	외래어	음역
coffee	咖啡	logic	逻辑
sofa	沙发	cartoon	卡通
bus	巴士	marathon	马拉松
penicillin	盘你西林	humor	幽默
chocolate	巧克力	radar	雷达
golf	高尔夫	tank	坦克

위의 음역형태소들은 외래어의 의미를 표현하기 위해 원래 한자의 의미와 관계없이 발음만을 빌려서 조합된 형태소이기 때문에 두 개 이상의 한자(음절)로 구성되었지만 하나의 형태소이다.

② 연면형태소[联绵语素]

연면형태소는 중국 고대로부터 지금까지 일정한 의미를 표현하는 데 쓰인 형태소로 일반적으로 두 개의 한자가 하나의 형태소를 구성하여 문장 속에서 단어로 쓰인다. 그 구성 형태를 살펴보면 다음과 같다.

쌍성 연면사[双声联绵词]	枇杷 蜘蛛 参差 恍惚 玲珑 澎湃 鸳鸯 荏苒
첩운 연면사[叠韵联绵词]	骆驼 啰嗦 崚嶒 逍遥 叮咛 蟑螂 唠叨 霹雳
비쌍성첩운 연면사 [非双声叠韵联绵词]	珊瑚 蝙蝠 囫囵 蝴蝶 玫瑰 蟋蟀 蚯蚓 垃圾

연면형태소는 두 개의 한자가 함께 쓰여 의미를 생성한 형태소로서 항상 연이어 쓰이며 분리하여 사용되지 않는 특성을 가지고 있다. 즉 두 개의 음절 혹은 한자가 하나의 형태소가 된다.

③ 의성형태소[拟声语素]

의성형태소는 자연계의 소리나 사람에게서 나는 語音이 아닌 소리 혹은 사물에서 나는 소리나 형태를 한자로 표기한 형태소이다. 예를 들면 다음과 같다.

자연 속에서 나는 소리	隆隆　哗啦啦　潺潺　唏哩哗啦　轰隆隆
사람에게서 나는 소리	叽叽喳喳　哎哟　阿嚏　呼噜　咕噜
사물에서 나는 소리	叽里咕噜　叮当　嘀嗒　叮咚　嘎嘎

의성형태소는 소리에 따라 표기하기 때문에 두 개의 음절이나 한자로만 한정되지 않는다. 세 개 또는 네 개의 음절로 구성될 수도 있다. 몇 개의 음질로 구성되든 하나의 형태소이다.

④ 첩음형태소[叠音语素]

첩음형태소는 문장 속에서 독립적으로 쓰이지 않는 한자가 중첩되어 일정한 의미를 형성한 형태소를 말한다. 예를 들면 다음과 같다.

猩猩　姥姥　彬彬　郁郁　茫茫　巍巍　姗姗　蛐蛐

위와 같이 첩음형태소는 하나의 한자가 중첩되어 두 개의 음절로 구성되었지만, 하나의 형태소이다.

2. 단어[词]의 구성

중국어에서 단어는 형태소에 의해 구성된다. 형태소가 언어의 최소 구성요소라면 단어는 이러한 형태소가 문장 속에서 독립적으로 운영되거나 다른 형태소와 조합을 이루어 의미를 표현할 수 있는 언어의 구성요소이다. 단어가 몇 개의 형태소로 구성되었는가에 따라 단순사[单纯词]와 합성사[合成词]로 나눌 수 있다.

2.1. 단순사[单纯词]

단순사는 하나의 형태소가 문장 속에서 독립적으로 의미를 표현하는데 쓰인 단어를 가리킨다. 즉, 단음절의 형태소가 문장 속에서 독립적으로 쓰인다면 단순사가 되고, 그 기능과 의미에 따라 품사를 구분한다.

예) **我的朋友去了北京。** 나의 친구는 베이징에 갔다.

我	的	朋友	去	了	北京
단순사	단순사	합성사	단순사	단순사	합성사
대사[**代词**]	조사[**助词**]	명사[**名词**]	동사[**动词**]	조사[**助词**]	명사[**名词**]

아울러 앞에서 열거한 다음절 형태소가 문장 속에서 독립적으로 쓰였다면 단어로 분류한다.

형태소		단어
음역형태소		음역사[音译词]
연면형태소	⇒	연면사[联绵词]
의성형태소		의성사[拟声词]
첩음형태소		첩음사[叠音词]

한 가지 주의해야 할 것은 위의 다음절 형태소를 구성하는 한자 외에 중국어의 모든 단음절 형태소의 한자가 현대 중국어에서 단어가 되는 것은 아니다.

예를 들면, "言"의 경우 고대 중국어에서는 단음절 형태소로도 "말하다, 알리다"의 의미로 독립적으로 단어가 되지만, 현대 중국어에서는 "总而言之"와 같이 서면어적인 특수한 고정구문 외에는 독립적으로 쓰이지 않고 다른 형태소와의 결합을 통해 단어로 쓰이고 있다.

예) 语言, 言语, 言论, 言辞

2.2. 합성사[合成词]

합성사는 두 개 이상의 형태소가 결합되어 하나의 단어가 된 것을 가리킨다. 합성사의 구성에 있어서 기본적인 의미를 지니고 있는 형태소를 어근[词根]이라고 하며, 이음절의 합성사를 이루기 위해 실질적인 의미는 없이 부가적으로 붙는 형태소를 접사[词缀]라 한다.

합성사의 유형은 이런 어근과 접사의 결합관계에 따라 크게 조합식 합성사[组合式合成词], 부가식 합성사[附加式合成词]로 분류할 수 있다.

2.2.1. 조합식 합성사[组合式合成词]

조합식 합성사는 기본적인 의미를 지닌 "어근"과 "어근"이 일정한 결합관계로 조합된 단어를 말한다. 두 어근의 결합방식에 따라 아래와 같이 5종으로 분류할 수 있다.

2.2.1.1. 주서식[主谓式]

주서식은 서술의 대상이 되는 형태소를 앞에 두고, 뒤에 이를 서술하는 형태소를 두는 "주어+서술어" 관계의 결합방식이다. 달리 진술식[陈述式]이라 한다.

年轻 眼花 性急 国营 地震 内疚 胆怯 心虚

2.2.1.2. 술목식[述宾式]

술목식은 앞에 동작행위를 나타내는 형태소가 있고, 뒤에 동작행위와 연관되거나 의미적 지배를 받는 형태소가 있는 "술어+목적어" 관계의 결합방식이다. 의미적 관계에 따라 달리 지배식[支配式]이라고도 한다.

注意 掌柜 放心 理事 司机 冒险 示威 建议

2.2.1.3. 술보식[述补式]

술보식은 앞에 동작행위를 나타내는 형태소를 두고, 뒤에 동작행위에 대한 결과나 방향을 보충 설명하는 형태소가 있는 "술어+보어"

관계의 결합방식이다. 달리 보충식[补充式]이라 한다.

说明 推广 充满 纠正 接近 缩小 扩大 提高

2.2.1.4. 수식식[偏正式]

수식식은 뒤에 있는 형태소의 의미를 한정 혹은 제한하는 형태소를 앞에 두는 "수식어+피수식어(중심어)" 관계의 결합방식이다.

草原 牛角 汽车 公审 壮观 轻视 飞行 雪白

2.2.1.5. 연합식[联合式]

연합식은 앞뒤에 있는 형태소가 의미적으로나 기능적으로 동등한 형태소가 나열된 결합방식으로서 달리 병렬식[并列式]이라고도 한다. 연합식 단어는 비록 형태소 간에 유사하거나 상반된 의미의 형태소가 나열되어 있지만, 단어의 형성 과정에서 고정되어 서로 간의 위치를 바꿀 수 없다.

유사의미	习惯 真实 依靠 美丽 图画 手足 富饶
상반의미	矛盾 得失 荣辱 反正 是非 优劣 利害

이밖에 조합식 합성어에는 상술한 두 개의 어근이 일정한 방식으로 결합된 5종의 합성사 외에, 문장 속에서 독립적으로 쓰일 수 있는 단음절 형태소가 필요에 의해 중첩된 중첩사[重叠词]가 있다.

爷爷 伯伯 爸爸 星星 刚刚 仅仅 常常 偏偏 明明

중첩사와 첩음형태소가 단어로 쓰인 첩음사의 차이는 중첩된 두 개의 한자를 분리하여 개별적으로 쓰이지 않는다면 첩음사에 해당되고, 개별적으로 쓰이거나 다른 한자와 결합하여 쓰인다면 중첩사가 된다.

我们家老爷上办去了。	우리 집 주인은 회사에 갔어요.
春节去伯父家问候。	설에 큰아버지 댁에 인사하러 가요.
他刚走了。	그는 방금 떠났어요.
这孩子常来这儿玩儿。	이 아이는 여기에 자주 와서 놀아요.

2.2.2. 부가식 합성사[附加式合成词]

부가식 합성사는 기본적 의미가 있는 어근에 접사를 붙여 형성된 단어를 말한다. 접사의 유형에 따라 "접두사+어근[前缀+词根]"과 "어근+접미사[词根+后缀]"로 나눌 수 있다.

2.2.2.1. "접두사+어근[前缀+词根]"

어근의 앞에 붙는 접두사는 원래 의미가 있는 형태소에서 그 의미가 소실되거나 모호해져 명확한 의미를 알 수 없게 변화된 형태소이다. 때문에 현대 중국어에서는 접두사로 쓰인 것도 있지만, 원래의 의미를 가지고 있는 단어도 있다는 것을 유의해야 한다.

형태소	접두사+어근	어근+어근
老	老板　老婆　老虎　老鼠　老师　老大	老人　老大爷
第	第一　第二　第三　第十　第十三	及第　落第　宅第
初	初一　初二　初五	初版　初步　当初
阿	阿伯　阿爸　阿婆　阿姨　阿三	

2.2.2.2. “어근+접미사[词根+后缀]”

어근의 뒤에 붙는 접미사도 원래 의미가 있는 형태소에서 그 의미가 소실되거나 모호해져 명확한 의미를 알 수 없게 변화된 형태소이다. 현대 중국어에서 접미사로 쓰이는 형태소도 접두사와 같이 원래의 의미를 가지고 있는 단어도 있다.

형태소	어근+접미사	어근+어근
子	屋子 胖子 帽子 推子	父子 儿子 瓜子 莲子
儿	画儿 盖儿 事儿 盆儿	孤儿 婴儿 健儿 男儿
头	木头 石头 想头 苦头	光头 白头 船头 灯头
然	突然 毅然 欣然 猛然(表状态)	必然(表这样)
化	白化 简化 现代化	变化 化冰 化工

3. 단어의 분류와 기능

이론 문법체계나 “수정안”과 같은 교육을 위해 이론적 문법체계를 규범화한 교육 문법체계에서는 단어를 분류할 때 먼저 단어 자체의 실질적 의미 유무, 그리고 기능을 고려하여 실사[实词]와 허사[虚词]로 먼저 구분하고 있다. 그 다음에 하위분류로서 단어의 기능에 근거하여 단어 유형, 즉 품사를 분류하고 있다.

문장의 구조를 이해하기 위해서는 단어의 기능과 의미와 함께 단어간의 결합구조를 파악해야한다. 때문에 本書에서는 결합구조 관계를 나타내는 문장성분을 중심으로 “문장성분이 되는 단어유형”과 “문장성분이 되지 않는 단어유형"으로 분류하여 서술하려 한다.

3.1. 문장성분이 되는 단어 유형

3.1.1. 명사[名词]

명사는 의미적으로 사람이나 사물, 시간, 장소와 방위, 추상적 개념 등을 나타내는 단어 유형이다.

사람	人 人民 学生 老师 同学 小李 老金 子女 群众 老舍 毛泽东
사물	书 草 词典 老虎 桌子 护照 电脑 手表 黑板 地球 船只
시간	昨天 今天 明天 现在 最近 元旦 春节 清明 以前 傍晚 将来
장소와 방위	韩国 欧洲 北京 附近 左边 对面 路上 地下 心中 前头 中间
추상적 개념	品质 哲学 版权 美德 爱情 行政 规定 梦想 态度 战争 教学

3.1.1.1. 기능

명사의 기능은 일반적으로 동사와 형용사의 기능과 비교를 통해 알 수 있다.

① 다른 단어의 도움 없이 직접 다른 명사를 수식할 수 있다.

汉语老师	中国北京	学校领导
중국어 선생님	**중국의** 베이징	**학교의** 지도자

② 다른 단어의 도움 없이 직접 다른 명사나 일부 형용사, 수량구의 수식을 받을 수 있다.

汉语老师　　中国北京　　学校领导 (명사의 수식)
중국어 **선생님**　　중국의 **베이징**　　학교의 **보직자**

新衣服　　红太阳 (형용사의 수식)
새 **옷**　　붉은 **태양**

一本词典　　三辆汽车 (수량구의 수식)
한 권의 **사전**　　세 대의 **자동차**
사전 한 권　　**자동차** 세 대

③ 일반적으로 부사의 수식을 받을 수 없다.

*不学生[8)]　　*已经桌子　　*很资料

※ 다만 이음절로 구성된 방위명사는 부사 "最"의 수식을 받을 수 있다.

最前边　　最上面　　最上头
가장 앞 쪽　　가장 윗 쪽　　가장 윗 쪽

※ 일부 명사 중 고정적 구문 속에서 부정부사 "不"의 수식을 받는 경우가 있지만, 이것은 고대 중국어의 영향을 받아 고정구문의 형태를 가지고 있는 것이다.

什么班长不班长
반장은 무슨 반장

人不人, 鬼不鬼
사람도 아니고 귀신도 아니다. 사람 같지도 않다.

8) "*"는 문장이 성립되지 않는 문장, 즉 비문[非文]을 가리킨다.

④ 동태조사 "了, 着, 过"가 뒤에 붙을 수 없다.

*我吃苹果着。－ 我吃着苹果。
나는 사과를 먹고 있다.

*我吃苹果过。－ 我吃过苹果。
나는 사과를 먹은 적이 있다.

※ 동사나 일부 형용사는 뒤에 동태조사가 붙을 수 있지만, 명사는 붙을 수 없다. 만약 문장의 끝에 명사가 있고 뒤에 "了"가 있다면 이것은 동태조사가 아니라 문장 전체의 의미가 변화된 상황을 표시하는 어기조사이다.

我吃苹果了。
나는 사과를 먹었다. (변화된 상황)

⑤ 명사는 조사 "的"를 첨가하여 동사나 형용사 등을 수식할 수는 없지만, 수식을 받을 수는 있다.

学习态度 休息时间 喝的饮料 (동사의 수식)
학습 태도 쉬는 시간 마시는 음료

漂亮的姑娘 诚实的学生 (형용사의 수식)
아름다운 아가씨 성실한 학생

3.1.1.2. 문장성분

명사는 그 기능과 연관 지어 다른 단어와의 결합관계에서 다음과 같은 문장성분이 될 수 있다.

① 주어

电话来了。
전화가 왔다.

芒果我也吃过了。
망고는 나도 먹어 본 적이 있다.

明天星期天。[9]
내일은 일요일이다.

中国有着悠久的历史。
중국은 유구한 역사를 가지고 있다.

② 목적어

去北京	看电影	接电话	查字典
베이징에 가다	영화를 보다	전화를 받다	자전을 찾다

※ 명사는 일반 술어의 목적어가 되기도 하지만, 개사와 결합하여 개사의 목적어가 되기도 한다. 이러한 목적어를 "개사 목적어[介词宾语]"라 한다.

从北京(回来)。
베이징으로부터 (돌아오다)

---

9) 시간사라 일컫는 시간을 표시하는 단어나 구의 문장성분 문제는 문법학자마다 이견을 보이고 있다. 일부 학자는 문장에서 주어가 된다는 견해를 보이고 있고, 일부는 시간 상황을 표현하는 부사어로 보는 견해도 있다. 또는 문장의 구성과 연계하여 동작행위의 실행자가 문장 속에 함께 있다면 부사어, 실행자가 없다면 주어로 보는 견해도 있다. 본서에서는 시간사가 갖는 명사적 기능을 고려하여 서술어 앞에 위치한 시간사는 주어로 보았다. 명사가 부사어가 되는 구조는 극히 제한되어 있기 때문이다.

按照规定(办事)。
규정에 따라 (처리하다)

在学校(学韩国历史)。
학교에서 (한국의 역사를 배우다)

③ 관형어

木头房子	天气预报	汉语词典
나무로 만든 집	날씨 예보	중국어 사전

④ 중심어

一座山	热乎乎的包子	看过的电影	雪白的皮肤
하나의 산	뜨끈뜨끈한 만두	본 적이 있는 영화	백설 같은 피부

⑤ 서술어

명사는 일반적으로 서술어가 되지 않지만, 특수한 경우 명사 서술어문을 구성할 수 있다. 일부 명사나 시간명사가 서술어가 된다.

明天春节。
내일은 설이다.

我医生。
(직업을 묻는 응답 상황에서) 나는 의사입니다.

3.1.2. 대사[代词]

현대 중국어에서 대사는 사람이나 사물 혹은 사물의 성질 등을 대신하여 지칭하는 단어 유형을 말한다. 달리 대명사[代名词]라고도 한다. 현대 중국어의 대사를 그 대체의미에 따라 분류하면 다음과 같다.

대사의 유형	대체 의미	종 류
인칭대사	1인칭	我 我们 咱们
	2인칭	你 您 你们
	3인칭	他 她 它 他们 她们 它们
	특수한 인칭대사	别人 人家 大家 自己 自个儿
지시대사	사람이나 사물의 원근	这 那
	장소	这里/这儿 那里/那儿
	사물의 성질이나 상태 또는 동작행위	这样 那样 这么 那么
	수량	这些 那些
	부가적 기능의 특수한 대사	该 各 每 本 某
의문대사	사람에 대한 의문	谁
	사물에 대한 의문	什么
	장소에 대한 의문	哪里/哪儿
	시간에 대한 의문	什么时候
	원인이나 방식에 대한 의문	为什么 怎么 怎样
	상황이나 상태에 대한 의문	怎么样
	숫자에 대한 의문	多少 几

3.1.2.1. 기능

① 대사는 기능을 일률적으로 분류하기 어렵다. 무엇을 대체하여 쓰이느냐에 따라 다른 기능을 갖는다. 일반적으로는 아래와 같이 대체하는 단어의 기능을 갖는다.[10)]

명사나 명사구를 대체 → 체언 기능

10) **체언**: 명사적 의미를 갖는 단어나 구.
예) 명사, 대사, 수사, 양사, 명사구
용언: 동사나 형용사적 의미를 갖는 단어나 구.
예) 동사, 동사구, 형용사, 형용구

동사나 동사구, 형용사나 형용사구를 대체 → 용언 기능

② 명사와 같이 뒤에 동태조사가 뒤에 붙을 수 없다.

③ 인칭대사가 동사 뒤 수량구와 함께 쓰일 때 동사와 수량구 사이에 놓인다.

训了他一顿。
그를 한바탕 훈계했다.

找了你两趟。
두 차례나 너를 찾았다.

喊了我一声。
나를 큰 소리로 한 차례 불렀다.

④ 인칭대사는 일반적으로 다른 품사의 수식을 받지 않는다. 다만 서면어에서 소수의 수식을 받는 용례를 찾아볼 수 있다.

四十岁的我
사십 세의 나

被人尊重的他
다른 사람에게 존중을 받는 그

到处找你的她
곳곳에서 너를 찾는 그녀

⑤ 인칭대사가 친족관계, 또는 소속 국가나 기관의 명사를 수식할 때 조사 "的"를 부가하지 않는다.

我哥哥	他妹妹	自己孩子	我们学校	你们国家
나의 형	그의 여동생	자신의 아이	우리 학교	당신들의나라

⑥ 지시대사 "这, 那"는 직접 양사를 수식할 수 있다. 이 경우 대부분 수사 "一"가 생략된 구이다.

这(一)本	那(一)位	这(一)个	那(一)辆
이 (한) 권	그 (한) 분	이 하나	그 한 대

⑦ 의문대사가 때로는 서술문에 쓰여 임의의 확정되지 않은 것, 혹은 전체를 가리키기도 한다.

家里有几个孩子。
집에는 몇 명의 아이가 있다.

我哪儿都不去。
나는 어디도 안 가.

谁也不知道。
누구도 모른다.

3.1.2.2. 문장성분

① 주어

谁去?
누가 가는 거야?

我知道。
내가 알아.

什么也不知道。
아무 것도 모른다.

这儿有很多水果。
여기에는 많은 과일들이 있다.

这样就好了。[11]
이렇게 하면 됐어.

② 서술어[12]

对他那样，你就会后悔了。
그에게 그렇게 하면, 너는 곧 후회할거야.

现在的情况怎么样?
현재의 상황은 어떠해?

这孩子总是这么着。
이 아이는 항상 이래.

你怎么啦?
너 왜 그래?

③ 목적어

你去哪儿?
너 어디 가?

讨厌你。
너를 싫어해.

他在那儿。
그는 그 곳에 있어.

※ 원근을 가리키는 단음절 지시대사 "这，那"는 일반적으로 단독

11) "这样"이 어떤 행위를 대체한 대사로서 주어가 될 수 있지만, 유사한 의미의 대사 "这么"는 주어가 될 수 없다.

12) 대사의 서술어 성분은 어떤 행위나 상황 또는 성질을 대체하는 대사에 국한되어 쓰인다.

으로 목적어가 되지 않는다.

*我要这。– 我要这个。
나는 이것을 원해.

*他去那。– 他去那儿。
그는 그곳에 갔어.

다만, 앞뒤 문맥과 호응하여 확정되지 않은 어떤 것을 가리킬 때는 목적어로 쓰이기도 한다.

这孩子总是问这问那，让人烦死了。
이 아이는 언제나 이것저것을 물어, 사람을 귀찮게 해.

④ 관형어

我爸爸
나의 아버지

这孩子
이 아이

这样的生活
이러한 생활

什么地方
어떤 곳

怎么一回事儿
어떻게 된 일

怎样的人
어떠한 사람

⑤ 부사어

怎么写?
어떻게 쓰는 거야?

怎样走?
어떻게 가는 거야?

他们都哪儿去了?
그들은 모두 어디 갔어?

他为什么还不来?
그는 왜 아직 오지 않아?

⑥ 보어

他考试考得怎么样?
그는 시험 본 게 어떻데?

3.1.3. 동사[动词]

동사는 중국어에서 문장을 구성하는 가장 중요한 단어 유형이자 서술어를 구성하는데 가장 많이 사용되는 품사이다. 동사의 의미에 따라 다음과 같이 분류할 수 있다.

동작행위	听 说 读 写 跳 躺 看 望 拿 提 讨论 考察 批评 学习
존재변화	在 有 具有 存在 出现 出生 发生 变化 发展
심리활동	想 爱 恨 怕 喜欢 讨厌 希望
사역요청	请 催 要求
가능염원 (조동사)	想 要 能 会 敢 肯 愿意 可以 值得 应该 应当 可能 能够 得 该 应
방 향	来 去 上 下 进 出 回 上来 上去 下来 下去 进来 进去 出来 出去 回来 回去 起来
판단(판단사)	是

이러한 동사는 결합구조에 따라 뒤에 목적어를 수반하는 타동사[及物动词]와 목적어를 수반하지 않는 자동사[不及物动词]로 구분할 수 있다.

① 타동사

做一件事 한 가지 일을 하다	进行研讨 연구 검토를 진행하다	加以解决 해석을 더 하다
骑一匹马 말 한 필을 타다	吃一碗米饭 밥을 한 그릇 먹다	学习汉语 중국어를 배우다

② 자동사

着想	咳嗽	休息	送行
생각이 미치다	기침하다	쉬다	배웅하다
毕业	生存	失败	考试
졸업하다	생존하다	실패하다	시험 치다

*着想他。 – 替他着想。
그를 대신하여 생각하다.

*毕业北京大学。 – 毕业于北京大学。
베이징 대학교를 졸업하다.

3.1.3.1. 기능

① 일반 동작행위나 존재변화 등을 나타내는 동사는 정도부사 "很, 非常, 十分" 등을 제외한 대부분의 부사의 수식을 받을 수 있다.

不知道	都知道	已经知道	刚知道
모르다	모두 알다	이미 알다	막 알다

② 심리활동을 나타내는 동사는 정도부사의 수식을 받을 수 있다.

很怕	很喜欢	很讨厌	非常希望
두렵다	좋아하다	싫어하다	매우 희망하다

③ 가능염원을 나타내는 조동사와 판단을 나타내는 판단동사를 제외하고 대부분의 동사는 뒤에 동태조사 "了, 着, 过"가 붙을 수 있다.

看了报纸 신문을 봤다	看着报纸 신문을 보고 있다	看过报纸 신문을 본 적이 있다
写了一封信 편지를 한 통 썼다	写着一封信 편지를 한 통 쓰고 있다	写过一封信 편지를 한 통 쓴 적이 있다
*我会了游泳。	*我会着游泳。	*我会过游泳。
*他是了老师。	*他是着老师。	*他是过老师。

④ 일부 동사는 중첩해서 쓰일 수 있다.

단음절 동사: 听听 想想 看看 坐坐 劝劝

단음절 동사의 중첩 형태는 중간에 "一"가 생략된 것으로 보인다. 때문에 중첩된 동사는 동작행위에 대한 짧은 시간이나 시도의 의미를 지닌다. 또한 구조적으로 보면 완료의 의미를 담을 때 동태조사 "了"가 중첩된 단음절 동사의 사이에 놓이고 뒤에 놓일 수 없다. 중첩 시 뒤 음절은 경성으로 읽는다.

听听 ⇒ 听一听 ／ 听了听 / 听了一听 ／ * 听听了

이음절 동사: 考虑考虑 研究研究 休息休息 讨论讨论

이음절 동사의 중첩은 단음절 동사의 중첩과 다르게 중간에 "一"가 생략된 것이 아니다. 때문에 짧은 시간의 의미는 가지고 있지 않다. 의미적으로 중첩된 이음절 동사는 원래 이음절 동사가 나타내려는 의미를 조금 가벼운 의미로 변화시킨다. 형태적으로 각각의 음절을 AB로 보았을 때 중첩형태는 ABAB의 형태로 나타난다.

考虑 = AB ⇒ 考虑考虑 = ABAB

※ 중첩해서 쓰일 수 없는 동사

존재, 판단, 소유의 의미를 갖는 동사	在　是　像　有
심리활동의 의미를 갖는 동사	爱　怕　喜欢　羡慕　讨厌
발전, 변화의 의미를 갖는 동사	生　发展　开始
방향성을 나타내는 일부 동사	出　进　起　过
가능 염원을 나타내는 조동사	能　会　要　敢　应　应该

⑤ 대부분의 동사는 "~不~" 또는 "~没~"의 긍정부정의 형태로 의문을 표시할 수 있다.

去不去　　是不是　　能不能　　走没走
喜欢不喜欢　　愿意不愿意　　洗澡没洗澡

⑥ 타동사와 일부 자동사는 뒤에 목적어를 수반할 수 있다.

跳交际舞　　具有悠久的历史 (타동사)
사교댄스를 추다　　유구한 역사를 가지고 있다

来一位客人　　去上海 (자동사)[13]
손님 한 분이 오다　　상하이에 가다

13) 일부 문법서에서는 "来"와 "去"를 타동사로 분류하기도 한다. 본서에서는 "来"와 "去"가 장소나 존재의 유무를 표현하는 목적어가 올 때만 제한적으로 목적어를 수반하기 때문에 자동사로 분류하였다.

3.1.3.2. 문장성분

① 주어

学习真不容易。
공부하는 게 정말 쉽지 않아.

散步对身体有益。
산보하는 것은 건강에 유익해.

去是去，可我一个人不去。
가기는 가지만, 나 혼자는 안가.

② 서술어

他们三个人走。 그들 세 사람은 떠났어.
我知道。 내가 알아.
他来了。 그가 왔다.

③ 목적어

一定要来。 (술어 "要"의 목적어)
반드시 와야 해.

喜欢看。 (술어 "喜欢"의 목적어)
보기를 좋아하다.

我望着旅行。 (술어 "望"의 목적어)
나는 여행을 기대하고 있어.

④ 보어

你也听见了吗？ (술어 "听"의 보어)
너도 들었어?

她把名字改成珉智了。 (술어 "改"의 보어)
그녀는 이름을 민지로 바꾸었다.

我们走进了教室。 (술어 "走"의 보어)
우리는 교실로 들어갔다.

※ 일부 단음절 동사와 방향 동사만이 보어로 쓰일 수 있다.

⑤ 관형어

观察的目的	买的书	看过的电影	喜欢的运动
관찰하는 목적	산 책	본 적이 있는 영화	좋아하는 운동

※ 일반적으로 동작행위를 나타내는 동사가 관형어가 될 때는 조사 "的"의 도움을 받는다. 그러나 일부 명사와 동사의 의미를 겸하고 있는 동사는 "的" 유무와 상관없이 관형어가 되는 경우도 있다.

研究(的)方法	学习(的)计划	参考(的)资料	考察(的)单位
연구방법	학습계획	참고자료	시찰기관

⑥ 부사어

努力(地)学习	感动地说
열심히 공부하다	감동적으로 말하다

※ 일반적으로 동사가 부사어가 되는 경우는 많지 않고, 상대적으로 동사구의 형태로 부사어가 되는 경우가 더 많이 보인다.

⑦ 중심어

不**知道** (부사어 "不"의 중심어)
모른다
已经**走**了 (부사어 "已经"의 중심어)
이미 떠났다

都**了解** (부사어 "都"의 중심어)
모두 이해하다

细心**考察** (부사어 "细心"의 중심어)
세심히 고찰하다

努力**学习** (부사어 "努力"의 중심어)
열심히 공부하다

3.1.3.3. 특수한 기능의 동사

3.1.3.3.1. 조동사[助动词]

조동사는 달리 능원동사[能愿动词]라고 한다. 문법 학자의 견해에 따라 조동사의 의미를 "동사를 보조하는 단어"로 보기도 하고 "보조성의 동사"로 보기도 한다. 이 두 견해의 가장 큰 차이점은 "동사를 보조하는 단어"로 본다면 조동사를 뒤에 위치하는 용언을 수식하는 부사적 성질의 단어로 보는 것이고, "보조성의 동사"로 보는 것은 조동사가 비록 동사와 구별되는 기능이 있지만 여전히 동사의 특성을 갖고 있어 뒤에 용언을 목적어로 갖는 술어로 보는 것이다.

현대 중국어에서 조동사는 다음과 같은 특성을 가지고 있다.

(1) 용언의 앞에 위치한다.

(2) 중첩해서 쓰일 수 없다.

(3) 동태조사가 뒤에 붙지 않는다.

(4) 부정부사 "不"의 수식을 받을 수 있다.

(5) "~不~"의 형식으로 의문문을 만들 수 있다.

(6) 소수 부사의 수식을 받을 수 있다.

(7) 단독으로 문장이 되거나 서술어가 될 수 있다.

이러한 특성은 (1)(2)(3)의 특성을 제외하면 동사의 기능과 같고, 부사와는 명백히 다른 특성을 가지고 있다. 이러한 조동사의 특성을 고려하면 "보조성의 동사"로 보아야 한다.

조동사의 특성에 근거하여 현대 중국어의 조동사를 분류하면 다음과 같다.[14)]

전형적 조동사		비전형적 조동사
염원(~하고 싶다)	想 要 肯 敢 愿意	
당위(~해야 한다)	应该 应当	该 应 得
허가(~해도 된다)	可以	
평가(~가치가 있다)	值得	
가능(~할 수 있다)	会 能 可能	能够

전형적 조동사와 비전형적 조동사의 차이는 위에 서술한 조동사의 특성을 얼마나 가지고 있는가에 따라 구분한 것이다. 특히 비전형적 조동사는 단독으로 문장이 되거나 서술어로 쓰이지 않는 조동사이다.

비전형적 조동사만을 본다면 조동사의 특성이 부사와 유사하다.

14) 참고 이화범 〈현대한어 조동사에 대한 규범화 초탐〉(《中語中文學》57집, 2014.)

그러나 전체적인 조동사를 보았을 때 동사에 더 가깝다. 때문에 本書에서는 용언의 앞에 놓인 조동사를 동사의 주 기능 중 하나인 술어로 보는 것이 타당하다고 보고 아래와 같이 분석한다. 다만, 일반 동사로 구성된 술어와 구별되는 기능은 반드시 용언만을 목적어로 갖는다는 것이다.

我们学校的棒球队能拿冠军。(용언 "拿冠军"을 목적어로 가진 술어)
우리학교의 야구팀은 우승을 가져올 수 있다.

他会写汉字。(용언 "写汉字"을 목적어로 가진 술어)
그는 한자를 쓸 수 있다.

我能游三百米。(용언 "游三百米"을 목적어로 가진 술어)
나는 3백 미터를 수영할 수 있다.

这家饭店能够住一百人。(용언 "住一百人"을 목적어로 가진 술어)
이 호텔은 백 명이 머무를 수 있다.

我们一定要学汉语。(용언 "学汉语"을 목적어로 가진 술어)
우리는 반드시 중국어를 배워야 한다.

年轻人想买奔驰车。(용언 "买奔驰车"을 목적어로 가진 술어)
청년은 벤즈 자동차를 사려 한다.

他要去北京。(용언 "去北京"을 목적어로 가진 술어)
그는 베이징을 가려 한다.

我愿意和你一起去图书馆。(용언 "和你一起去图书馆"을 목적어로 가진 술어)
나는 너와 함께 도서관을 가고 싶다.

遇到困难的时候，他最肯动脑筋。(용언 "动脑筋"을 목적어로 가진 술어)
어려움에 봉착했을 때, 그는 가장 기꺼이 방법을 생각하려 한다.

我敢保证，明天一定能写完课题。(동사 "保证"을 목적어로 가진 술어)
내가 보장하건데, 내일은 반드시 과제를 다 쓸 수 있다.

学生应该(应当)尊重老师的意见。(용언 "尊重老师的意见"을 목적어로 가진 술어)
학생은 선생님의 의견을 존중해야 한다.

时间不早啦，我们该走了。(동사 "走"를 목적어로 가진 술어)
시간이 많이 지났어, 우리는 가야 해.

努力学习者应有恰当的成果。(용언 "有恰当的成果"을 목적어로 가진 술어)
열심히 공부하는 사람은 마땅히 합당한 성과가 있어야 한다.

你得提前回家休息一下。(용언 "提前回家休息一下"을 목적어로 가진 술어)
너는 먼저 집에 가서 잠깐 쉬어야 해.

这个课题值得研究。(동사 "研究"를 목적어로 가진 술어)
이 과제는 연구할 가치가 있어.

3.1.3.3.2. 판단동사[判断词]

판단동사는 달리 판단사[判断词] 또는 계사[系词]라 불린다. 일반 동사가 뒤에 목적어를 갖는 술어가 되었을 때, 목적어와 의미관계를 형성하는데 반해서 판단동사는 주어와 목적어의 의미관계, 즉 주어와 목적어 간의 동등함이나 소속의 의미를 형성한다.

현대 중국어에서 판단동사는 일반적으로 "是"를 가리킨다. 고대 중국어에서의《論語 · 微子》: "子爲誰?(그대는 누구인가?)"나 고 문헌《明心寶鑑》: "勤爲無價之寶(근면은 가치를 따질 수 없는 보배이다.)"처럼 고대 중국어에서는 주로 "爲[为]"가 판단동사로 쓰였다. 그러나 후에 중국어의 변천과정에서 "是"로 대체되었지만, 현대 중국어에서도 종종 "为"가 판단을 나타내기도 한다.

十两为一斤。 (열 량이 한 근이다.)

2019年为第几个世界水日?
(인터넷 문구: 2019년에는 몇 번째 세계 물의 날입니까?))

※ 주의 할 것은 판단동사 "是"가 자체적으로 의미를 갖고 있는 동사가 아니기 때문에 영문법의 be동사나 국문법의 불완전 동사로 오인하여 "是"의 뒤에 오는 성분을 의미적으로 보고 보어로 분석하는 경우가 있는데, 중국어 문법에서는 목적어로 분석한다.

I am a **student.** (보어)
나는 **학생**이다. (보어)
我是学生。(목적어)

일반 동사와 구별되는 판단동사 "是"의 기능을 살펴보면 아래와 같다.

① 동태조사가 뒤에 붙지 않는다.
② 부정 형태는 "沒是"를 사용할 수 없고 "不是"만을 사용한다.
③ 중첩해서 쓸 수 없다.
④ 다른 문장성분이 될 수 없고 서술어나 술어로만 쓰인다.

(谁是李小龙?) – **我是。**<서술어>
(누가 이소룡인가?) 접니다.

这是我们的教室。<술어>
이곳은 우리의 교실입니다.

3.1.3.3.3. 이합사[离合词]

이합사 또는 이합동사라 불리는 이합사는 두 개의 형태소가 결합하여 이음절의 단어로도 사용되기도 하고 서로 분리되어 두 형태소 사이에 동태조사나 다른 성분이 삽입되어 "술어+목적어" 구조의 구로도 사용되는 단어를 말한다. 자주 사용되는 이합사는 다음과 같다.

碍事 罢工 拜年 搬家 办学 帮忙 绑架 包车 保密 报案 报酬
报名 备课 闭幕 毕业 避暑 变心 表态 播音 补课 猜迷 参军
藏书 操心 插班 唱戏 超车 吵架 撤职 成婚 成交 吃惊 充电
抽空 出差 出国 出嫁 出面 出名 触电 传球 创刊 吹风 吹牛
垂头 辞职 存货 存款 存心 打工 打架 带路 担心 当面 倒车
道歉 低头 点名 点头 调头 跌价 顶嘴 定婚 丢脸 动笔 动身
发财 发怒 罚款 翻案 翻脸 放火 放假 放心 分工 分手 服药
复学 付款 负债 改行 干杯 赶路 鼓掌 关门 过期 合影 怀孕
回信 汇款 加班 减价 见面 建交 讲理 交班 结婚 结帐 敬礼
开车 开幕 看家 吭声 拉手 立法 聊天 留学 买单 免税 闹事
念书 拍照 排队 盘货 跑步 赔钱 配音 拼命 评分 破案 破产
起床 起名 签名 请假 求婚 缺德 缺课 让步 饶命 认罪 任职
入门 塞车 散步 伤心 上班 射门 生病 省心 失业 睡觉 说服
送礼 搜身 算命 踏步 抬头 探亲 讨价 提名 跳舞 停车 通话
投搞 退伍 违法 握手 吸烟 洗澡 下班 消毒 泄气 选材 训话
延期 养病 摇头 应聘 游泳 造反 涨价 招工 招生 着急 着凉
整容 值班 中计 中奖 种地 转身 装蒜 撞车 着陆 走私 坐牢
做梦 做事

在这儿搁着**碍事**。

여기에 놓아두니 방해가 된다.

是我**碍了事**，别怪他。

제가 일에 방해가 되었어요, 그를 탓하지 마세요.

你放心，我已经**包车**了。

안심해, 내가 벌써 차를 대절했어.

前几天我已经包过车。
며칠 전에 내가 이미 차를 대절해 두었어.

今年两百多所学校在首尔招生了。
올해 2백 여개의 학교가 서울에서 신입생을 모집하였다.
我们学校已经招完了生，你明年再来吧。
우리 학교는 이미 신입생을 다 모집했어요, 당신은 내년에 다시 오세요.

最近整容的人越来越多。
최근에 성형수술을 하는 사람이 갈수록 많아지고 있다.
她小时候整过容。
그녀는 어렸을 때 성형을 한 적이 있다.

我来帮忙吧。제가 돕죠.
他什么事也不做，就只帮我的忙。
그는 어떤 일도 하지 않고, 나의 일만을 돕는다.

이합사의 특성을 살펴보면 다음과 같다.

① 결합되어 이음절의 단어로 사용될 때는 뒤에 다른 목적어를 둘 수 없다.

*我昨天见面老师。 – 我昨天跟老师见了面。
나는 어제 선생님과 만났다.

② 결합되어 이음절의 단어로 사용될 때 일반 동사와 같이 주어, 서술어, 목적어, 관형어, 중심어 등의 문장성분이 될 수 있다. 다만, 목적어를 수반하는 술어는 될 수 없고, 앞 단어만이 중간에 보어나 목적어를 수반하는 술어가 될 수 있다.

点名要慎重一点儿。<주어>
지명하는 것은 조금 신중해야 한다.

老师点名，你们快进来。<서술어>
선생님이 출석을 불러, 너희들 빨리 들어와.

老师已经点完了名。("点"이 술보관계의 술어)
선생님은 벌써 호명을 다 하였다.

老师点他的名。("点"과 "他的名"이 술목관계)
선생님이 그의 이름을 불렀다.

缺席的人还是怕点名。<목적어>
결석한 사람은 여전히 지명되는 것을 두려워한다.

点名的时候，不巧他不在那儿。<관형어>
호명할 때 공교롭게도 그는 그곳에 있지 않았어.

老师正在点名。<중심어>
선생님이 마침 호명을 하고 있다.

③ 중첩되어 쓰일 수 있지만, ABAB형식이 아니라 AAB형식이다.

聊天 – *聊天聊天 ⇒ 聊聊天
잠시 한담을 나누다

帮忙 – *帮忙帮忙 ⇒ 帮帮忙
잠시 돕다

散步 – *散步散步 ⇒ 散散步
잠시 산보하다

3.1.4. 형용사[形容词]

사람이나 사물의 성질과 상태를 표현하는 단어유형이다. 많이 사용되는 형용사를 그 표현 특성에 따라 다음과 같이 분류할 수 있다.

특성	음절	종류
일반적 형용사	단음절	大 小 多 少 黑 暗 白 红 真 假 对 错 好 新 久 厚 薄 美 烦 快 慢 长 短 广 贵 近 紧 渴 热 冷
	이음절	安静 宝贵 悲哀 别扭 惭愧 单纯 繁华 繁荣 干净 尴尬 开心 可爱 困难 浪漫 礼貌 理想 忙碌 美丽 明显 伟大 温和 无聊 凶狠 雄厚 严格 拥挤 永久 愉快 愚蠢 整齐
특수한 형용사	이음절	A형: 笔直 冰凉 漆黑 煞白 通红 雪白 B형: 大大 长长 高高 短短 早早 远远
	삼음절	红彤彤 干巴巴 亮晶晶 暖洋洋 冷清清 香喷喷 孤零零 硬梆梆 血淋淋 笑眯眯 甜丝丝 酸溜溜 热乎乎 轻飘飘
	사음절	A형: 可怜巴巴 酸不唧唧 黑不溜秋 糊里糊涂 傻里吧叽 B형: 干干净净 整整齐齐 漂漂亮亮 朴朴素素 实实在在

3.1.4.1. 일반적 형용사의 기능

① "很, 非常, 十分" 등의 정도부사와 부정부사 "不"의 수식을 받을 수 있다.

很大	不少	非常严格	十分美丽	不太愉快
크다	적지 않다	매우 엄격하다	매우 아름답다	그다지 유쾌하지 않다

② 일부 형용사는 특수한 형용사의 이음절과 사음절의 B형처럼 AA와 AABB의 형태로 중첩할 수 있다.

大大[15]	高高
(매우) 크다	(키가 매우) 크다

15) 단음절 형용사가 중첩이 되어 문장 속에 쓰일 때 일반적으로 조사 "的"와 함께 쓰인다.
大大的眼睛　　高高的个子

干干净净 实实在在 漂漂亮亮
(매우) 깨끗하다 (매우) 실재적이다 (매우) 아름답다

※ 형용사의 중첩은 아래와 같이 동사의 중첩과는 다른 특성을 가지고 있다.

(1) 의미상에 있어서 단음절 형용사의 중첩과 이음절 형용사의 중첩은 사물의 어떤 상태에 대한 강조의 의미를 갖는다.

(2) 형태적으로는 이음절 동사의 중첩이 ABAB의 형태인 것과는 다르게 이음절 형용사는 AABB의 형태를 갖는다. 이렇게 중첩된 형용사는 기능에 있어서도 일반 형용사와 다르다.

(3) 발음상의 특성에 있어서도 단음절 동사의 중첩에서는 중첩된 뒤 음절이 경성으로 발음되는 반면에 단음절 형용사의 중첩에서는 뒤 음절이 더 강하게 발음되거나 제1성의 성조로 변화되는 특성을 보인다. 또한 중첩된 뒤 음절을 "儿"화시켜 사용할 수도 있다.

好好儿 hǎohāor
잘(열심히) 하다. 괜찮다

早早儿 zǎozāor 慢慢儿 mànmānr
(매우) 일찍 (매우) 천천히

이음절 형용사의 중첩에 있어서도 발음의 변화가 있다. 대체로 두 번째 음절은 경성으로, 네 번째 음절은 강하게 발음하거나 제1성으로 발음한다.

干干净净 gānganjìngjīng (매우) 깨끗하다

整整齐齐 zhěngzhengqíqī (매우) 가지런하다

③ 일부 단음절 형용사는 뒤에 동태조사가 붙을 수 있다.

他的个子比我高着一个头。[16]

그의 키는 나보다 머리 하나는 더 크다.

小时候，我没有胖过。[17]

어렸을 때 나는 뚱뚱한 적이 없다.

④ 형용사는 일반적으로 뒤에 목적어를 수반할 수 없다. 다만, 동사의 기능을 겸하는 일부 형용사는 뒤에 목적어를 수반하기도 한다. 이때의 의미는 사역적 의미, 즉 "~하여금 ~하게 하다" 또는 "~을/를 ~시키다"의 의미를 갖는다.

繁荣市场。

시장으로 하여금 번영하게 하다. 시장을 번영시키다.

突出他的优点。

그의 장점으로 하여금 부각되게 하다. 그의 장점을 부각시키다.

麻烦你了。

당신으로 하여금 번거롭게 하였다. 당신을 번거롭게 하다.

---

16) 형용사 뒤에 동태조사 "着"가 붙는 경우 상태에 대한 심화적 의미를 갖는다. "着"가 붙지 않는 경우와 비교해 보면 차이를 알 수 있다.
他的个子比我高一个头。(그의 키는 나보다 머리 하나는 크다.)

17) 형용사 뒤에 동태조사 "过"는 때때로 현재의 상태와 비교하는 의미를 표현할 수 있다.
小时候，我没有胖过。(내가 어렸을 적엔 뚱뚱하지 않았는데 지금은 뚱뚱하다)

3.1.4.2. 일반적 형용사의 문장성분

① 주어

勤劳是他最需要的。
근면한 것은 그에게 가장 필요한 것이다.

便宜最重要。
싼 것이 가장 중요해.

温和是他的特点。
온화함은 그의 특징이다.

② 서술어

这件衣服便宜，那件衣服贵。
이 옷은 싸고, 저 옷은 비싸다.

北方冷，南方热。
북방은 춥고, 남방은 따뜻하다.

他成绩好，可脾气不好。
그의 성적은 좋지만, 성질은 나쁘다.

※ 형용사가 단독으로 서술어가 될 때는 비교나 대조의 의미를 표현할 때이다. 비교나 대조의 의미 없이 단순한 사물의 성질이나 상태를 표현할 때는 대부분 다른 단어와 결합하여 서술어로 쓰인다. 일반적으로 정도부사 "很" 등의 수식을 받아 긍정의 의미를 표현한다. 이렇게 사용된 "很"은 정도를 강조하는 "매우"의 의미가 없다. 만약 정도를 강조하는 의미를 표현하려면 다른 정도부사를 사용하거나 다른 결합구조로 표현할 수 있다.

这件毛衣很便宜。 이 스웨터는 싸다.
这件毛衣便宜得很。 이 스웨터는 매우 싸다. (술보구조)

这道路很拥挤。 이 도로는 혼잡하다.
这道路非常拥挤。 이 도로는 매우 혼잡하다. (다른 부사)

最近他不愉快。 최근 그는 유쾌하지 않다. (부정 표현)

③ 술어

好得很。(술보구조)
좋은 정도가 심하다. 즉 매우 좋다.

漂亮极了。(술보구조)
아름답기가 지극하다. 즉 매우 아름답다.

麻烦你了。(술목구조 : 사역의미 : 使你麻烦)
그를 번거롭게 하다.

端正态度。(술목구조 : 사역의미 : 使态度端正)
태도를 단정하게 하다.

④ 목적어

不怕热, 只怕冷。
더운 것은 두렵지 않지만, 추운 것은 두렵다.

感到满意。
만족함을 느끼다.

年轻人喜欢热闹。
젊은 사람은 시끌벅적한 것을 좋아한다.

⑤ 보어

看明白了。 보아서 분명히 이해하다.

吓坏了。(뒤에 "了"와 함께 쓰인다)
놀란 정도가 심하다. 깜짝 놀라다.

小李长得漂亮，小红长得丑。
이 양은 아름답게 컸지만, 홍 양은 추하게 컸다.

※ 형용사가 단독으로 "술어+得+보어" 구조의 정도보어로 쓰일 때도 서술어와 같이 비교나 대조의 의미를 표현한다. 그렇지 않으면 정도부사 "很"과 함께 쓰인다.

小李长得很漂亮。
이 양은 아름답게 자랐다.

⑥ 관형어

新词典
새 사전

老实人
성실한 사람

关键时刻
관건이 되는 시각

干净的洗手间
깨끗한 화장실

严格的老师
엄격한 선생님

※ 일부 형용사는 명사를 수식할 때 구조조사 "的"가 쓰이지 않는 경우도 있지만, 대부분의 이음절 형용사는 "的"가 쓰인다.

⑦ 부사어

慢走
천천히 가다

难说
어렵게 말하다

容易解决
쉽게 해결하다

安静地休息
조용히 쉬다

高兴地离开
기쁘게 떠나다

※ 일반적으로 단음절의 일반 형용사가 모두 "的"의 도움을 받지 않고 단독으로 부사어가 되진 않는다. 단독으로 부사어가 되는 단음절 형용사는 아래와 같은 일부 형용사로 한정되어 있다.

新	旧	多	少	早	晚	迟	快	慢	难

⑧ 중심어

很帅	十分清楚	非常伟大	不高兴
잘생기다	매우 분명하다	매우 위대하다	기쁘지 않다

3.1.4.3. 특수한 형용사의 기능

특수한 형용사는 달리 상태사[状态词]라 하며, 음절에 따라 이음절, 삼음절, 사음절로 나눌 수 있다. 이음절의 B형과 사음절의 B형은 각기 단음절, 이음절 일반적 형용사의 중첩 형태이지만, 기능적인 면에서는 일반적 형용사와 현저히 구분된다.

① 특수한 형용사 자체에 강조의 의미가 있기 때문에 정도부사 "很" 등의 수식을 받을 수 없다.

*很高高　*很雪白　*很干巴巴
*很黑不溜秋　*很干干净净

② 부정부사 "不"의 수식을 받을 수 없다.

*不高高　*不雪白　*不干巴巴
*不黑不溜秋　*不干干净净

③ 이음절의 A형 형용사는 달리 중첩하여 쓰일 수 있지만, 일반적 형용사와 다르게 동사와 같은 ABAB의 중첩형태로 쓰인다.

笔直笔直	冰凉冰凉	漆黑漆黑
곧 바르다	매우 차갑다	새까맣다
煞白煞白	通红通红	雪白雪白
해쓱하다	새빨갛다	새하얗다

3.1.4.4. 특수한 형용사의 문장성분

① 서술어

다른 성분의 도움 없이 직접 서술어가 되지는 않지만 조사 "的"와 함께 서술어로 쓰일 수 있다.

他的性格痛痛快快的。
그의 성격은 매우 유쾌하다.

她的脸红红的。
그녀의 얼굴이 벌겋다.

这个孩子傻里吧叽的。
이 아이는 어리숙하다.

② 관형어

직접적으로 명사나 명사구를 수식할 수 없으며 조사 "的"와 함께 관형어가 될 수 있다.

大大的眼睛	冷清清的月光
크나큰 눈	스산한 달빛

朴朴素素的房间　　可怜巴巴的样子
소박한 방　　애처로운 모습

③ 부사어

직접 동사나 동사구를 수식하지 않고, 조사 "地" 또는 "的"와 함께 부사어로 쓰일 수 있다.

孤零零地(的)坐在这儿。
고독하게 여기에 앉다.

整整齐齐地(的)穿衣服。
가지런히 옷을 입다.

笔直地(的)站在舞台上。
똑바로 무대 위에 서다.

④ 보어

办事办得糊里糊涂的。
일을 처리하는 게 흐리멍덩하다.

做菜做得香喷喷的。
요리를 만드는데 만든 상태가 향기 그윽하다.

打扫得干干净净的。
청소한 상태가 말끔하다.

※ 특수한 형용사가 보어로 쓰일 때 일반적으로 조사 "的"와 함께 쓰이지만, 이음절의 A형 형용사는 "的"와 함께 쓰이지 않는다.

她的脸气得通红了。
그녀의 얼굴은 화가 나서 진홍빛이다.

整天下雪，大地变得雪白了。

하루 종일 눈이 내려 대지가 새하얗게 변했다.

3.1.5. 수사[数词]

수사는 숫자를 세는데 쓰이는 단어 유형이다. 표현하는 의미에 따라 다음과 같이 분류할 수 있다.

<table>
<tr><th>의 미</th><th>종 류</th><th colspan="3">부속 종류 및 표현 방식</th></tr>
<tr><td rowspan="5">숫자의 많고 적음</td><td rowspan="5">기수
[基数]</td><td rowspan="2">정수[整数]</td><td>기본수</td><td>零 一 二(两) 三 四 五 六 七 八 九</td></tr>
<tr><td>자릿수</td><td>十 百 千 万 亿</td></tr>
<tr><td>분수[分数]</td><td colspan="2">三分之一($\frac{1}{3}$) 二又五分之三($2\frac{3}{5}$)
百分之八十(80%)</td></tr>
<tr><td>소수[小数]</td><td colspan="2">三点三四五(3.345)　零点七(0.7)</td></tr>
<tr><td>배수[倍数]</td><td colspan="2">一倍　两倍　三倍　六倍 ……</td></tr>
<tr><td>순서</td><td>서수
[序数]</td><td colspan="3">第一　第二　第三 ……
一月　二月　三月 ……
一级　二级　三级 ……
一楼　二楼　三楼 ……
大哥　二哥　三哥 ……</td></tr>
<tr><td>대략적인 수</td><td>개략수
[概数]</td><td colspan="3">两三　四五　七八　十来　二十来　十多　二十多 ……
三五　百八十
百把人　个把人　个把月　快把钱 ……
近百个　近万人　近三十年 ……
约三百人　约七个月　约一年的时间 ……
一点左右　两点左右　一天左右　一个月左右 ……
九点前后　中秋节前后　黎明前后 ……</td></tr>
</table>

3.1.5.1. 기능

① 체언의 하나로 명사와 유사한 기능을 갖는다. 즉, 동태조사가 뒤에 붙을 수 없고, 부사의 수식을 받지 않는다.

② 명사를 직접 수식할 수 없다. 다만, 양사와 결합하여 명사를 수식할 수 있다.

*一书 ⇒	一 本 书 관 | 중	책 한 권
*三人 ⇒	三 个 人 관 | 중	사람 셋
*五纸 ⇒	五 张 纸 관 | 중	종이 다섯 장

※ 고대 중국어에서는《論語》: "三人之行, 必有我師。(세 사람이 길을 가면, 그 중에 반드시 나의 스승이 되는 사람이 있다.)"처럼 수사 "三"이 명사 "人"을 직접 수식할 수 있었지만, 일반적으로 현대 중국어에서는 직접 수식할 수 없고, 중간에 양사를 넣어 "수사 + 양사 + 명사"의 구조를 형성한다. 그러나 고정된 형태의 4자구문을 형성할 때 종종 직접 수식하는 경우도 있다.

三人一组	3인 1조
孤身一人	홀몸
约翰三书	요한의 세 번째 편지

③ 양사를 수식하여 "관형어+중심어" 구조의 수량구를 형성한다.

一朵(花)　两只(手)　一片(草地)
三间(房子)　六棵(树)　一张(票)

3.1.5.2. 문장성분

일반적인 표현에서는 주어나 목적어 등으로 자주 쓰이진 않지만, 산술식이나 특정한 의미를 표현할 때 종종 문장성분이 된다.

① 주어

一又写壹。
일(一)은 또한 일(壹)이라 쓴다

三为完善的数字。
삼은 완전한 숫자이다.

六意味着顺利。
육은 순조로움을 의미한다.

② 목적어

八减三是五。
팔 빼기 삼은 오이다.

二加六是八。
이 더하기 육은 팔이다.

三乘三等于九。
삼 곱하기 삼은 9와 같다.

九除三得三。
구 나누기 삼은 삼이다.

③ 관형어

一本	两架	三件	五个
한 권	두 대	세 건	다섯 개

3.1.6. 양사[量词]

양사는 사물이나 동작을 계산하는 단어 유형을 말한다. 계산하는 대상에 따라 사물을 계산하는 명량사[名量词], 동작을 계산하는 동량사[动量词]로 나눌 수 있다.

3.1.6.1. 명량사

명량사는 그 발생 유래와 관련하여 다시 전용양사[专用量词]와 차용양사[借用量词]로 나눌 수 있다.

명량사는 사물의 개체를 계산하는 단어 유형인만큼 그 숫자도 수백 개에 달한다. 자주 사용하는 명량사는 다음과 같다.

<table>
<tr><td rowspan="9">전용양사</td><td>개체양사[个体量词]</td><td colspan="2">把 本 朵 个 根 架 件 棵 颗 块 粒 辆 门
匹 片 篇 首 所 台 张 条 位 项 座 只 支</td></tr>
<tr><td>집합양사[集合量词]</td><td colspan="2">帮 打 对 堆 副 伙 批 群 双 套</td></tr>
<tr><td rowspan="5">도량형양사
[度量衡量词]</td><td>길이</td><td>寸 尺 分 丈 里 公里 海里 厘米 米</td></tr>
<tr><td>용량</td><td>斗 合 升 公升</td></tr>
<tr><td>무게</td><td>克 公克 两 斤 公斤 吨</td></tr>
<tr><td>면적</td><td>亩 顷 公顷 平方寸 平方尺 平方米</td></tr>
<tr><td>체적</td><td>立方寸 立方尺 立方米 加仑</td></tr>
<tr><td>부정양사[不定量词]</td><td colspan="2">点 些</td></tr>
<tr><td>유형양사[类别量词]</td><td colspan="2">等 级 类 品 样 种</td></tr>
<tr><td>차용양사</td><td colspan="3">杯 车 刀 壶 盆 桌</td></tr>
</table>

중국어 학습자가 수많은 양사와 해당 명사와의 호응관계를 모두 알기는 어렵다. 다만, 개체양사 중에는 다음과 같이 사물의 형상과 연계되어 수식관계를 알 수 있는 것이 있다.

양사	형상	연관 사물명사 / 연관 파생의미 명사
把	손잡이가 있는 형상	刀 壶 雨伞 扇子 椅子 ／ 年纪 力气
本	종이가 묶인 책의 형상	书 词典 杂志
根	가늘고 긴 형상	线 草 头发 棍子 竹子 黄瓜
架	긴 다리가 있는 형상	飞机 照相机
棵	식물 혹은 나무 형상	树 草 白杨
颗	작고 둥근 형상	星 子弹 珍珠 ／ 心
块	뭉쳐진 덩어리 형상	肉 土 糖 石头
粒	낟알의 형상	米 花生 沙子
片	얇고 평평한 형상	(五花)肉 饼干 ／ 草地 真心
张	넓고 평평한 형상	床 纸 票 桌子 地图 照片 ／ 嘴
支	곧고 가늘게 긴 형상	枪 香 钢笔 笛子
条	꾸불꾸불하면서 긴 형상	蛇 鱼 路 河 皱纹 毛巾 领带 ／ 命

3.1.6.1.1. 기능

① 문장 속에서 단독으로 쓰이지 않고 수사나 지시대사 "这, 那, 每"의 수식을 받아 구로 결합되어 쓰인다. 단, 도량형 양사는 일반적으로 지시대사 "这, 那"의 수식을 받을 수 없고, "点, 些" 등의 일부 양사는 "每"의 수식을 받을 수 없다.

一张(嘴)　三棵(树)　这条(河)　那本书　每本　每斤

*这斤　*那米　*每点　*每些

② 일부 단음절 양사는 중첩해서 "모두 또는 모든"의 의미로 쓰일 수 있다.

个个　本本　件件　套套　楼楼　年年　天天

③ 부정양사 "点, 些"는 수사 "一"와만 결합하고, 지시대사 "这, 那"의 수식을 받을 수 있다.

一些书　一点水　这些书　那点水
*两点水　*三些书

※ 수량으로 비교하면 "些"가 "点" 보다는 많다. 즉, 一些书 > 一点书.

④ "些"는 "好"와 결합할 수 있지만, "点"은 결합할 수 없다.

书柜里有好些书。　책장에 많은 책이 있다.
*书柜里有好点书。

3.1.6.1.2. 문장성분

① 중심어

三棵　五辆　七个　这本　那片

※ 명량사는 중국어에서 독자적으로는 수사와 지시대사의 수식을 받는 중심어 외에 어떠한 문장성분도 되지 않는다. 다만, 일부 단음절 명량사의 중첩형태와 수사 혹은 지시대사와 결합한 구가 되었을 때 이 구가 다른 문장성분이 될 수 있다.

个个都很努力。(주어)
개개인 모두가 노력하였다.

件件都好。(주어)
어느 것이나 모두 좋다.

我有一本词典。(관형어)
나는 사전 한 권이 있다.

他买了三本。(목적어)
그는 세 권을 샀다.

3.1.6.2. 동량사

동량사는 동작의 횟수를 계산하는 양사이다. 상대적으로 명량사에 비해 수량이 한정되어 있지만, 동량사 역시 발생 유래에 근거하여 전용양사와 차용양사로 구분할 수 있다. 자주 쓰이는 동량사는 아래와 같다.

전용양사	次 回 趟 番 遍 阵 下 顿 场 声
차용양사	针 眼 口 刀 脚 巴掌 嗓子

3.1.6.2.1. 기능

① 수사와 지시대사의 수식을 받을 수 있다.

一次	三回	一趟	三番	两遍
一下	三顿	一场	这次	那回

② 일부 동량사는 중첩해서 쓰일 수 있다.

次次打破了世界记录了。
매번 세계기록을 깨왔다.

看电影，回回都有他演。
영화를 보면 매 회 모두 그가 공연하고 있다.

他们家顿顿吃八宝饭。
그들은 매 끼마다 팔보 영양밥을 먹는다.

③ 일반적으로 수사와 결합하여 동사의 뒤에 놓인다.

去一趟　训一顿　读两遍
看一下　踢一脚　安排一次　叫一声

3.1.6.2.2. 문장성분

① 수사와의 결합관계에서의 중심어

(帮)一次　(读)三遍　(咬)一口　(跑)一趟

※ 동량사 역시 중국어에서 독자적으로는 수사와 지시대사의 수식을 받는 중심어 외에 어떠한 문장성분도 되지 않는다. 다만, 일부 단음절 동량사의 중첩형태와 수사 혹은 지시대사와 결합한 구가 되었을 때 이 구가 다른 문장성분이 될 수 있다.

回回都少不了他。<주어>
매 회마다 모두 그를 빼놓을 수 없다.

一次也没去过重庆。<주어>[18]
한 차례도 충칭에 가본 적이 없다.

一遍书也没读了。<관형어>
한 차례의 책도 읽지 못했다.

我去过北京一趟。<준목적어>
나는 베이징에 한 차례 간 적이 있다.

我踢了他一脚。<준목적어>
나는 그를 한 번 걷어찼다

※ 양사에는 위에 서술한 명량사와 동량사 외에 시간을 나타내는 일부 시간명사를 양사로 차용하여 쓰기도 한다. 이러한 양사를 달리 시간양사[时量词]라 한다. 자주 쓰이는 시간양사는 아래와 같다.

天　日　周　年　小时　分　分钟　秒

我等了你半天了。
나는 너를 하루종일 기다렸다.

他踢了两个小时的球。
그는 두 시간 동안 공을 찼다.

3.1.7. 부사[副词]

부사는 동사나 동사구, 형용사나 형용사구 앞에서 "정도, 범위, 시간, 상황, 부정, 어기"를 나타내는 단어 유형이다. 의미 유형에 따라 많

---

18) "一次" 등의 동량사구가 주어가 되는 문형은 부정문에서만 가능하다. 긍정형의 문장에서는 비문이 된다. *一次也读了。

이 쓰이는 부사를 분류하면 다음과 같다.

정도부사[程度副词]	很 挺 最 极 顶 非常 十分 极其 格外 更 更加 尤其 越发 越 过于 相当 稍 稍微 略微 几乎 有点儿
범위부사[范围副词]	都 全 总 总共 统统 只 仅 仅仅 光 一共 一齐 一概 一律 单 单单 就 多半 大致 大都 处处
시간부사[时间副词]	立刻 马上 已经 已 曾经 曾 刚刚 刚 正在 正 在 将 顿时 终于 渐渐 一向 向来 从来 总是 永远 始终 早已 预先 按时 随即 将要 将来
빈도부사[频度副词]	还 再 又 一再 再三 屡次 不断 接连 一连 连 偶尔 常 常常 时常 经常 往往 一直 仍然 依然
부정부사[否定副词]	不 没 没有 别 甭 未 未必 不必 非 勿 莫 休
상황부사[情态副词]	亲自 亲眼 陆续 相继 尽情 肆意 大肆 特意 任意 竭力 胡乱 悄悄 赶紧 大力 连忙 亲口 当场 无故 特地 照样 仍旧 赶忙 赶快 私自 顺便 顺手 随手 偷偷 分别 纷纷 轻易 特 特意 故意
어기부사[语气副词]	难道 何尝 究竟 到底 偏偏 索性 简直 反正 岂 也许 大概 显然 果然 居然 忽然 竟然 幸亏 幸好 恰恰 不妨 的确 只好 难怪 恰好 大约 准 自然 干脆 绝对 万万 千万 倒 反倒 毕竟 偏 总算 不由得 好歹

3.1.7.1. 기능

① 대부분의 부사는 동사, 동사구, 형용사, 형용사구를 수식할 수 있다.

非常喜欢。 매우 좋아하다.
|부|중|

已经过去了。 이미 지나갔다.
|부|중|

曾经有过这种问题。 일찍이 이런 문제가 있었다.

부 | 중

他的房间很干净。 그의 방은 깨끗하다.

부 | 중

这本词典不太厚。 이 사전은 그다지 두껍지 않다.

부 | 중

② 일부 부사는 성질, 상태 또는 어떤 행위를 대체하는 대사를 수식할 수 있다.

你就这么着，不要管我。 너는 그럼 이렇게 해, 내 일에 관여하지 마.

부 | 중

事情已经这样了，我们还能做什么事儿？

부 | 중

일이 이미 이렇게 됐는데, 우리가 또 무슨 일을 할 수 있겠어.

③ 일부 부사는 문장의 맨 앞에 놓여 "주어+서술어" 구조의 동사구를 수식할 수도 있다.

也许他已经走了。

아마 그는 이미 갔을거야.

难道你不想参加这次考试吗？

설마 너는 이 번 시험에 참가하지 않을 생각이야?

幸亏你提醒了我，不然我就迟到了。

다행히 네가 나를 일깨워줬어, 그렇지 않았다면 나는 늦었을 거야.

光你一个人走，不行。

너 혼자만 가면 안 된다.

※ 문두에 자주 쓰이는 부사는 다음과 같다.

단음절 부사: 光 只 就

이음절 부사: 也许 或许 难道 大概 恐怕 反正 本来
其实 几乎 原来 忽然

④ 부사는 일반적으로 명사나 수량구 등의 체언을 수식할 수 없다. 다만, 명사나 수량구가 서술어가 되었을 때 일부 시간, 범위, 빈도의 의미를 갖는 부사는 명사나 명사구 또는 수량구를 수식할 수도 있다.

*他们是都学生。 ⇒ 他们都是学生。
그들은 모두 학생이다.

*我喜欢不电影。 ⇒ 我不喜欢看电影。
나는 영화 보는 것을 좋아하지 않아.

今天才星期天。
오늘이 비로소 일요일이야. (오늘이 돼서야 겨우 일요일이 되었다.)

明天又星期一了。
내일 또 월요일이야.

一共八十五快。
모두 85위안이야.

我都七十岁了，还想做什么?
내가 벌써 70세인데, 또 무엇을 하고 싶겠어?

我们班学生仅仅五个人。
우리 반 학생은 단지 5명 뿐이야.

⑤ 부사는 일반적으로 단독으로 문장이 되진 않지만, 특수한 대화

상황에서 아래와 같은 부사는 하나의 문장이 될 수 있다.

不 没有 也许 当然 有点儿 何必 一定 赶快

和我们一块儿去吗?

우리와 함께 가는거야?

不，你们先走吧。

아니야, 너희들 먼저 가.

你吃饭了没有?

식사했어?

没有，我正忙着呢。

아니, 내가 지금 바빠.

现在会下课了，是吧!

지금 수업 끝났겠지!

也许吧。

아마도.

今天举行毕业典礼，你会来吧。

오늘 졸업식이 있어, 너 올 거지!

当然。

당연하지.

这件衣服我觉得有点儿紧，你看怎么样?

이 옷이 내가 생각하기엔 좀 작은데, 네가 보긴 어때?

有点儿。

조금.

我该去训他一顿。

내가 가서 그를 한 차례 꾸짖어야겠어.

何必呢。

구태여 그럴 필요 있겠어.

你有空，到我家来玩儿!
너는 시간이 되면 우리 집에 와서 놀아.
一定。
반드시. (그럴게)

壶要烧干了，你去把水拿来，赶快吧。
주전자의 물이 끓어 없어져, 네가 가서 물을 가져와, 서둘러.

⑥ 일부 부사는 다른 부사와 연결하여 문장 속에서 의미를 표현할 수 있다.

再这样下去也没什么好处。
다시 이렇게 해도 아무것도 좋은 점이 없어.

做菜做得又酸又辣。
요리를 만들었는데 만든 상태가 시기도 하고 맵기도 하다.

越看越不好懂。
보면 볼수록 쉽게 이해되지 않아.

发生了要紧的事儿，我跟他非说不可。
긴급한 일이 생겼어, 나는 그에게 얘기하지 않을 수 없어.

不知有什么事儿，她整天不吃不喝。
무슨 일이 있는지 모르겠지만, 그녀는 하루 종일 먹지도 마시지도 않아.

⑦ 일부 부사는 접속사와 연계하여 문장 속에서 의미를 표현할 수 있다.

无论谁付钱，都一样啦。
누가 돈을 내던, 모두 같잖아.

只有努力学习，才有进步。
열심히 공부해야지만 비로소 발전이 있어.

如果你有困难，我就帮你。
만약 네가 어려움이 있다면, 내가 바로 너를 도울게.

3.1.7.2. 문장성분

① 부사어

赶快走	才有进步	不太高
서둘러 가다	비로서 발전이 있다	그다지 크지 않다.
都离开这儿	非常漂亮	
모두 이곳을 떠나다	매우 아름답다.	

※ 부사는 문장의 맨 앞에 위치하더라도 주어가 될 수는 없다. 또한 부사는 동사적 의미를 전달하는 용언[谓词性词语] 앞에 놓여 주로 부사어가 되지만, 아래와 같이 명사서술어문에서는 명사나 명사구, 수량구 등의 체언[体词性词语]이 중심어가 되는 성분 앞에 놓여 부사어가 되기도 한다.

明天又星期一了。 ⇒ 明天又(是)星期一了。
내일 또 월요일이야.

一共三十八块。 ⇒ 一共(是)三十八块。
모두 38위안이다.

我们结婚已经三年了。 ⇒ 我们结婚已经(有)三年了。
우리가 결혼한 지 벌써 3년이 지났어.

명사나 명사구 등의 체언은 특정한 상황 외에는 서술어가 될 수 없다. 위의 예문을 통해 알 수 있듯이 특정한 상황에서 명사나 명사구 또는 수량구가 서술어가 되는 명사서술어문은 사실상 동사서술어문의 변형이기 때문에 실질적으로는 부사가 "是"가 쓰인 동사구를 수식하는 것이다.

② 보어

高兴极了
기쁜 정도가 지극하다. 지극히 기쁘다.

坏透了
나쁜 정도가 지극하다. 아주 나쁘다.

吓死我了
나를 놀라서 죽게 해.

好得很
좋은 정도가 심하다. 매우 좋다.

3.1.8. 의성사[拟声词]

의성사는 사람이나 자연계의 사물이 내는 각종 소리를 모방하여 만들거나 사물의 상태를 어음을 빌려 묘사한 단어 유형이다. 많이 사용되는 의성사를 다음과 같이 분류할 수 있다.

<table>
<tr><td>단음절</td><td colspan="2">乒 乓 哧 唰 哗 轰 嘭 砰 嘘 咻 飕(sou) 当 吐 噎 叮 吱 啪</td></tr>
<tr><td rowspan="2">이음절</td><td>AA형</td><td>哗哗 汪汪 咚咚 隆隆 呼呼 嗖嗖 嘎嘎 铃铃 令令 滴滴 刺刺 沥沥 叨叨 隆隆 呜呜 嗡嗡 嘟嘟 喋喋 咕咕 叽叽 唧唧 喳喳 呱呱 啪啪 喔喔 嘀嘀 呼呼 沙沙 潺潺 琅琅 萧萧 霍霍 淙淙</td></tr>
<tr><td>AB형</td><td>乒乓 扑哧 扑通 喀嚓 喀嗒 滴答 叮当 布谷 哗啦 呼噜 轰隆</td></tr>
</table>

삼음절	AAA형	嘻嘻嘻 呵呵呵 哈哈哈 轰轰轰 喃喃喃 嘟嘟嘟
	AAB형	叮叮当 滴滴答 通通扑 啦啦哗
	ABB형	扑通通 哗啦啦 嗞溜溜 轰隆隆 叮铃铃
사음절	AABB형	叽叽喳喳 叽叽呱呱 乒乒乓乓 唠唠叨叨
	ABAB형	哗啦哗啦 咕咚咕咚 淅沥淅沥 嘟噜嘟噜 哔里哔里 呼噜呼噜 唰拉唰拉 叮当叮当 轰隆轰隆 扑通扑通 咕噜咕噜 叮咚叮咚 的嗒的嗒
	ABCD형	叽里咕噜 唧叮咕咚 唏哩哗啦

의성사는 사용상의 고정성에 근거하여 "정형성 의성사[定性拟声词]"와 "비정형성 의성사[非定性拟声词]"로 구분할 수 있다. 정형성 의성사는 "潺潺 琅琅 萧萧 霍霍 淙淙" 등과 같이 이음절로 구성되어 고대 중국어에서부터 현재까지 주로 서면어에서 찾아볼 수 있는 의성사이다. 때문에 앞 뒤 문맥이나 다른 언어 환경이 없어도 그 의미를 알 수 있다. 그러나 비정형성 의성사는 화자의 필요에 주관적으로 모방한 소리이기 때문에 그 형식이 고정되지 않아 일정한 언어 환경이 없으면 그 의미를 알기 어려운 의성사이다. 의성사의 특성을 살펴보면 아래와 같다.

① 복문 속에서 단독으로 문장을 형성할 수 있다.

<u>叮铃铃</u>，<u>叮铃铃</u>，上课的铃声响了。

띠리링, 띠리링, 수업 시작을 알리는 벨소리가 울렸다.

<u>咚咚</u>，有人敲门了。

퉁퉁, 어떤 사람이 문을 두드렸다.

② 동사를 수식하여 부사어로 쓰일 수 있다. 조사 "地"는 붙을 수도 있고 붙지 않을 수도 있다.

他把灯一关，就呼呼地睡觉了。
그는 등을 끄자마자 콜콜 잠이 들었다.

桌子上的闹钟的嗒的嗒地响着。
책상위의 자명종이 똑딱똑딱 울리고 있다.

③ 명사를 수식하여 관형어로 쓰일 수 있다. 일반적으로 조사 "的"가 붙는다.

静夜里能听到潺潺的水声。
조용한 밤에 졸졸 흐르는 물소리를 들을 수 있다.

石洞里传来唧叮咕咚的脚步声。
석동 안에서 터벅터벅 걷는 발자국 소리가 전해져 온다.

④ 조사 "的"를 첨가하여 동사술어 뒤에 보어가 될 수 있다.

不知今天发生什么事儿，她们整天谈得唠唠叨叨的。
오늘 무슨 일이 생겼는지 모르겠지만, 그녀들이 하루 종일 주절주절 얘기한다.

火车刚经过那儿，我家的窗户都被震得哗啦哗啦的。
기차가 막 그곳을 지나자, 우리 집의 창문이 모두 드르르 떨렸다.

⑤ 서술어로 쓰일 수 있다.

山上炮声隆隆。
산 위의 포성이 콰르릉.

他们轻轻地划着船，船两边的水哗哗哗。
그들이 가볍게 배를 젓고 있자, 배 양 변의 물이 콸콸콸.

3.1.9. 감탄사[叹词]

감탄사는 화자의 "흥분, 찬탄, 놀람, 공포, 슬픔" 등의 감정과 의사소통 과정에서의 부름과 응답을 표현하는 단어 유형이다. 자주 쓰이는 감탄사는 다음과 같다.

감정 표현	哟 啧 唉 嘻 啊 哇 哼 嘿嘿 哎哟 哎呀
부름과 응답	喂 哦 嗯 嗨

감탄사는 사실상 중국어에서 특수한 단어 유형이다. 엄밀하게 살펴보면 확실한 실질적 의미도 찾을 수 없고 구조적인 문법적 의미도 찾을 수 없다. 다만, 특정한 언어 환경 속에서 주로 독자적으로 문장을 형성한다.

喂，你在哪儿？(부름)
이봐요, 당신 어디 있어요?

啧，怎么又是你呀？(불만)
쯧쯧, 어째서 또 너냐?

(有人招呼我的时候，我回答) 嗨！(응답)
(누군가 나를 부를 때, 내 대답) 어이!

그러나 현대 중국어에서 감탄사는 아래와 같이 일시적으로 문장성분이 되기도 한다.

我喊了几次"喂"，他还是没反应。<목적어>
내가 몇 차례 "이봐요!" 하고 불렀지만, 그는 여전히 반응이 없다.

街上的群众纷纷"啧"着嘴唇，赞叹着。<술어>
거리의 군중들이 분분히 입술을 내밀며 찬탄하고 있다.

从远处传来"哎哟、哎哟"的痛苦声。<관형어>
멀리서부터 "아이고, 아이고" 하는 통곡성이 전해져 왔다.

他整天坐那儿，嘻嘻地笑着。<부사어>
그는 하루 종일 그곳에 앉아, 히히거리며 웃고 있다.

3.2. 문장성분이 되지 않는 단어 유형

3.2.1. 개사[介词]

개사는 실질적 의미는 없지만 문장 속에서 다른 단어와의 결합관계를 통해 문법적 의미를 갖는 단어 유형이다. 달리 "전치사"라고도 부른다. 개사는 문장 속에서 뒤에 명사나 명사구 등의 성분과 결합하여 의미를 나타낸다. 이렇게 개사 뒤에 놓이는 성분을 "개사목적어"라 하고, "개사 + 개사목적어"로 구성된 구를 개사구[介宾短语]라 한다.

从北京(来)
북경으로부터(오다)

在银行(工作)
은행에서(근무하다)

跟我(讲)
나에게(말하다)

打我家门前(走过去)
우리 집 문 앞으로 (걸어 지나갔다)

对人(热情)
사람들에 대하여(친절하다)

개사구에서 개사가 나타내는 문법적 의미에 따라 현대 중국어에서는 다음과 같이 분류할 수 있다.

의미	종류
시간	从 趁 趁着 打 当 由 在 于 自 自从
공간	朝 从 打 到 离 往 向 沿着 由 于 在 自
방식 및 근거	按 按照 本着 根据 基于 鉴于 据 靠 论 拿 凭 凭借 通过 依照 以 用 照
원인 및 목적	为 为了 为着 由 由于
대상	把 朝 对 对于 跟 给 关于 和 将 替 同 为 与 至于 连
비교	比 跟 和 与
사역 및 피동	把 被 给 叫 让 由
기타	除 除了

대부분의 개사는 동사에서 그 의미가 변화되거나 파생된 것이다. 이로 인해 현대 중국어의 개사는 동사의 특성을 겸유하고 있는 단어들이 있다. 동사와 개사를 비교해 보면 다음과 같은 차이를 알 수 있다.

동사	개사
단독으로 문장을 형성하거나 문장 속의 문장성분이 될 수 있다. 李老师在家吗? <술어> – 在。(문장) 이 선생님이 집에 계십니까? – 계십니다. 我给了他一本书。<술어> 나는 그에게 책 한 권을 주었다.	단독으로 문장을 형성할 수 없고, 문장성분이 될 수 없다. 다만 개사 뒤에 대사나 명사, 명사구 등의 성분과 결합한 개사구를 형성하여 이 개사구가 문장성분이 될 수 있다. 你在哪儿学习? <부사어> – *在。(비문) 너는 어디에서 공부해? – ~에서 我给他打了电话。<부사어> 내가 그에게 전화를 걸었다.
중첩되어 쓰일 수 있다. 你去看看。 네가 가서 봐봐.	중첩되어 쓰일 수 없다. *我给给他打电话。

뒤에 동태조사 "了, 着, 过"가 붙을 수 있다.	뒤에 동태조사가 붙을 수 없다.
他把钥匙给了我。 그는 열쇠를 나에게 주었다. 我拿着一本词典。 나는 사전 한 권을 들고 있다.	*医生给了病人打针。 *你别拿着我开玩笑。

3.2.2. 조사[助词]

조사는 실질적 의미는 없지만, 일반적으로 다른 단어나 구 또는 문장 뒤에 붙어 문법적 의미를 표현하는 단어 유형이다. 조사의 기능과 의미에 따라 다음과 같이 분류할 수 있다.

구조조사[结构助词]	的 地 得 所
동태조사[动态助词]	了 着 过
어기조사[语气助词]	啊 吗 吧 呢 了 的 嘛 来着 罢了(而已)
비교조사[比较助词]	似的 一样 般 一般
열거조사[列举助词]	等 等等 什么的

조사는 공통적으로 아래와 같은 특성을 갖고 있다.

① 단독으로 사용할 수 없다.

② 경성으로 읽는다.

자주 쓰이는 조사를 그 기능에 따라 구체적으로 살펴보면 아래와 같다.

3.2.2.1. 구조조사

구조조사는 단어와 단어 또는 구와 구를 연결하여 결합구조 관계를 갖게 하는 단어이다.

一. 的

① 수식관계 중 "관형어+중심어"의 관계를 나타낸다.

我的老师 나의 선생님　富饶的地方 부유한 지방　看过的电影 보았던 영화

从北京来的朋友 베이징에서 온 친구　昨天不来上课的学生 어제 수업에 오지 않은 학생

② 명사나 대사, 동사나 동사구, 형용사나 형용사구 또는 주서구 뒤에 붙어 "的"자구를 형성한다. "的"자구는 문장 속에서 명사에 해당하는 기능을 한다.

小王的 왕 군의 것　他的 그의 것　小的 작은 것　很厚的 두꺼운 것

买的 산 것　穿短裤的 반바지를 입은 것(사람)　他讲的 그가 말한 것

二. 地

① 수식관계 중 "부사어+중심어"의 관계를 나타낸다.

好好儿地学习 착실히 공부하다　仔细地看 자세히 보다　干干净净地洗一洗 깨끗하게 좀 씻다

② 독음은 "de"로 읽고, "的"로 표기해도 무방하다.

好好儿的学习　　仔细的看　　干干净净的洗一洗

三. 得

① 동사나 형용사 뒤에 붙어 "술어+보어"의 관계를 나타낸다.

跑得很快
달리는 게 빠르다

干净得很
매우 깨끗하다

说得好
말한 게 적절하다

急得不知怎么办才好
급해서 어떻게 해야 좋을지 모르겠다

看得见
볼 수 있다

四. 所

① 주로 서면어에서 주로 쓰이며 타동사 앞에 붙어 명사적 의미를 갖게 한다. 일반적으로 조사 "的"가 뒤에 붙는다.

他们所讨论的问题还没得到结论。
그들이 토론하는 문제는 아직 결론을 얻지 못했다.

这是广大群众所喜爱的歌儿。
이것은 수 많은 군중들이 좋아하는 노래이다.

你所看到的不一定是真实的。
네가 본 것이 반드시 사실인 것은 아니다.

② 동사 "有" 뒤에 쓰여 "약간, 조금, 일정 수준"의 상태변화가 있음을 표현한다.

有所提高
조금 올라간 바가 있다.

有所变化
다소 변화한 바가 있다.

③ 동사 "无" 뒤에 쓰여 "모두 또는 전체"의 의미를 표현한다.

无所不为
행하지 못할 바가 없다. 어떤 것도 할 수 있다.

无所畏惧
두려워 할 바가 없다. 어떤 것도 두렵지 않다.

3.2.2.2. 동태조사

동태조사는 동사나 일부 형용사 뒤에 붙어 상태를 표시하는 단어이다.

一. 了

① 주로 동사의 뒤에 붙어 동작행위가 완료되었음을 표시한다.

喝了两听可乐。
콜라 두 캔을 마셨다.

写了一部小说。
소설 한 부를 썼다.

② 일부 형용사의 뒤에 붙어 속성의 변화가 이미 실현되었음을 표시한다. 일반적으로 뒤에 수량구와 함께 쓰인다.

他的裤子短了一寸。
그의 바지는 한 마디가 짧아졌다.

我的个子高了一点儿。
나의 키는 조금 커졌다.

她的脸红了一阵子。
그녀의 얼굴은 한동안 붉어졌다.

③ 과거 현재 미래의 시제와 관계없이 동작의 완료를 표시한다.

昨天我吃了晚饭就睡觉了。
어제 나는 저녁밥을 먹자마자 바로 잤었다.

现在我吃了晚饭就找他去。
지금 나는 저녁밥을 먹자마자 그를 찾아갔다.

明天我吃了晚饭就找你。
내일 나는 저녁밥을 먹자마자 너를 찾겠다.

二. 着

① 동사의 뒤에 붙어 동작이 진행되고 있거나 상태가 지속되고 있음을 표시한다.

窗外下着雨呢。(진행)
창 밖에 비가 내리고 있다.

他们俩在舞台上唱着歌。(진행)
그들 두 사람은 무대 위에서 노래를 부르고 있다.

墙上挂着一幅画儿。(지속)
벽에 그림 한 폭이 걸려 있다.

门开着，进来吧。(지속)
문은 열려져 있어요, 들어오세요.

② 일부 형용사의 뒤에 붙어 속성의 변화가 심화되었다는 것을 표시한다. 일반적으로 수량구와 함께 쓰인다.

老王比我大着三岁。
왕 씨는 나보다 세 살이나 더 많다.

我比他高着一个头。
나는 그 보다 머리 하나는 더 크다.

三. 过

① 동사 뒤에 붙어 어떤 동작행위가 이미 발생했거나 예전에 경험했었던 것을 표시한다.

去过北京。
베이징에 간 적이 있다.

喝过绍兴酒。
소흥주를 마신 적이 있다.

② 시간을 의미하는 단어와 함께 일부 형용사 뒤에 쓰일 수 있다. 사물의 성질이나 상태가 이미 변화되었음을 표시하며, 종종 현재의 상태와 비교하는 의미를 내포하고 있다.

她小时候胖过。
그녀는 어릴 적에 뚱뚱한 적이 있었다. (지금은 뚱뚱하지 않다.)

南京从来没有这么冷过。
난징은 한 번도 이렇게 추웠던 적이 없다. (지금은 매우 춥다)

3.2.2.3. 어기조사

어기조사는 문장의 끝에 쓰여 화자의 감정이나 어떤 어투를 표시하는 단어이다. 일부 학자들은 달리 조사의 범주에 두지 않고 "어기사[语气词]"라는 하나의 단어 유형으로 분류하기도 한다.

一. 啊

① 앞 음절 운미의 영향을 받아 어음과 다른 한자로 변형하여 쓸 수 있다.

谁啊? ⇒ -i+a ⇒ ia ⇒ 谁呀?
真舒服啊! ⇒ -u+a ⇒ ua ⇒ 好哇!
看啊! ⇒ -n+a ⇒ na ⇒ 看呐! ("看哪!"로 표기하기도 한다)

② 다른 어기조사와 함께 쓰일 때 음이 합쳐지며 형체의 변화가 나타날 수 있다.

了+啊 ⇒ 啦
么+啊 ⇒ 嘛

③ 서술문, 의문문, 명령문 뒤에 붙어 어투를 부드럽게 만들 수 있고, 아울러 언어 환경에 따라 상대방에게 어떤 일의 중요성을 일깨워주는 의미를 표현할 수 있다.

这个案子你可要重视啊。
이 안건에 대해 너는 정말 중시해야 해.

咱们什么时候走哇?

우리 언제 가는 거야?

我们抓紧时间，你快来呀!

우리는 시간이 없어，너 빨리 좀 와!

④ 감탄문의 뒤에 붙어 강한 감정을 표현하는데 쓰일 수 있다.

山顶上的空气多新鲜呐!

산 정상의 공기 이 얼마나 신선한가!

玉龙雪山多雄伟呀!

옥룡설산 이 얼마나 웅장한가!

二. 吗

① 서술문의 뒤에 붙여 "이다 혹은 아니다"의 대답을 원하는 시비의문문[是非疑问句]이나 추측의문문[推测疑问句]을 구성할 수 있다.

你去图书馆吗?

당신은 도서관에 갑니까?

他们都是学生吗?

그들은 모두 학생입니까?

难道你不认识他吗? (추측)

설마 너는 그를 모르는 거야?

② "吗"는 서면어에서 때때로 "么"로 표기되기도 한다.

能够把他救出来么?

그를 구출해 낼 수 있겠어?

爸爸觉得自己已经老了，你知道么?
아버지는 스스로 이미 늙었다고 여겨, 너 알아?

三. 吧

① 명령문에서 어투를 부드럽게 하는 역할을 한다.

你出去! 너 나가!	⇒	你出去吧! 너는 나가라!
你给我一张票! 너는 내게 표 한 장 줘!	⇒	你给我一张票吧! 너는 내게 표 한 장 다오!

② 가부(可否)를 묻는 시비의문문에 쓰여 강한 추측과 긍정의 의미를 나타낸다.

小王他会来吗? 소왕 그는 옵니까?	⇒	小王他一定会来吧? 소왕 그는 반드시 오겠죠?
宿舍里有空调吗? 기숙사에 에어컨이 있습니까?	⇒	宿舍里有空调吧? 기숙사에 에어컨 있죠?

四. 呢

① 일반적으로 시비의문문에 쓰이지 않으며, 특지의문문, 선택의문문, 정반의문문에 쓰여 어투를 부드럽게 한다.

你问谁呢? (특지의문문)
너는 누구에게 묻는거야?

明天的会议你去还是我去呢? (선택의문문)
내일 회의는 네가 갈래 아니면 내가 갈까?

你到底来不来呢? (정반의문문)
너는 도대체 오는 거야 안 오는 거야?

② 반문에 쓰여 상황이나 상태를 묻거나, 위치를 묻는데 쓰인다.

我很好, 你呢? (你怎么样?)
나는 잘 지내, 너는? (너는 어때?)

明天我们学校去春游, 你们呢? (你们学校去不去春游?)
내일 우리 학교는 봄 소풍을 가, 너희는? (너희 학교는 봄 소풍을 가는 거야?)

小王, 你的手机呢? (你的手机在哪儿?)
샤오 왕, 너의 핸드폰은? (너의 핸드폰은 어디에 있어?)

③ 동작행위의 진행이나 지속을 나타내기도 한다.

外面下雨呢。咱们过一会儿再玩儿吧。
밖에 비가 내리고 있어. 우리 조금 있다가 다시 놀자.

你干什么呢? 同学们都在操场上集合了。
너는 뭐하고 있는 거야? 친구들은 모두 운동장에 모였어.

※ 동작행위의 진행이나 지속을 표시하는 "呢"는 대부분 동작의 진행이나 지속의 의미를 갖는 부사 "正在" 혹은 동태조사 "着"와 함께 쓰인다. 어떠한 형태로 쓰이던 전달하는 의미는 모두 유사하다.

外面正在下着雨呢。 밖에 비가 내리고 있어.
外面在下着雨呢。
外面下着雨呢。
外面下雨呢。

五. 了

① 문장의 끝에 붙어 새로운 상황의 출현으로 상황이 변화되었음을 표시한다.

雨小点儿了。
빗줄기가 줄어들었다.
(조금 전에는 많은 비가 내렸는데, 비가 조금 내리는 상황으로 변화되었다.)

来北京，来了三年了。
베이징에 온지 3년이 지났다.
(베이징에 와 있는 상태에서 3년이라는 시간의 변화가 있다)

② 복문에서 열거의 의미를 표시한다.

我整天忙得不可开交，上课了，参加会议了，真受不了。
나는 하루 종일 바빠서 벗어날 수가 없어, 수업해야지, 회의에 참석해야지, 정말 견딜 수가 없어.

这孩子有贪食，吃完了午饭，再吃面条了，吃面包了，非胖不可。
이 아이는 식탐이 있어, 점심을 다 먹고 나서 또 국수를 먹고, 빵을 먹으니, 살이 찌지 않을 수가 없어.

六. 的

① 긍정의 어투를 강하게 표시한다. 즉 어떤 사실에 대하여 강하게 "확실히 이렇다 "라는 의미를 나타낸다.

明天会好的。
내일은 좋아질 거야.

这家饭店的菜挺好吃的。

이 식당의 요리는 정말 맛있어.

② 판단동사 "是"와 함께 쓰여 강조의 의미를 나타낼 수 있다.

他是同意我的意见的。

그는 나의 의견에 동의했어.

我是坐地铁来的。

나는 지하철로 왔어.

※ "是……的" 구문에서 "的" 앞에 동사가 있는 경우 동사 앞의 성분이 강조되는 부분이다.

他是昨天来的。(시간 강조)

그는 어제 왔어.

你是用毛笔写的吗? (방식 강조)

너는 붓으로 쓴 거야?

七. 嘛

① 서술문 뒤에 쓰여 "당연히 그래야 한다." 또는 "보면 알 수 있잖아." 등의 의미를 표시한다.

你们急什么嘛! 我正忙着呢。

너희들은 뭐가 그리 급해! 나는 지금 바쁘잖아.

小王获得了冠军嘛。

샤오 왕이 우승을 했잖아.

八. 来着

① 어떤 동작행위가 일찍이 발생했음을 표시한다.

我说什么来着?
내가 조금 전에 뭐라고 했지?

你叫什么名字来着?
네가 방금 이름이 뭐라고 했지?

九. 罢了 / 而已

① 일반적으로 "罢了"와 "而已"는 유사한 의미와 기능을 갖지만, "罢了"는 대화[口语]에서 많이 쓰이며, "而已"는 서면어[书面语]에서 많이 쓰인다.

② 서술문에서 앞에 "只是" 또는 "不过" 등과 함께 쓰여 "단지 …일 뿐이다."라는 한정의 의미를 표시한다.

这算什么，我只是做了我应该做的事儿罢了。
이게 뭐라고, 나는 단지 내가 마땅히 해야 할 일을 했을 뿐이야.

这件事儿可以解决是毫无问题的，只是时间的早晚而已。
이 일이 해결되는 것은 아무 문제가 없어, 단지 시간상의 문제일 뿐이야.

我不过说说罢了，你别放在心里。
나는 단지 가볍게 말을 해봤을 뿐이야, 마음에 담아두지 마.

3.2.3. 접속사[连词]

접속사는 두 개 이상의 단어나 구를 연결하거나, 단문과 단문을 연결하는 단어 유형을 말한다. 접속사 역시 실질적인 의미를 찾아보기 어렵기 때문에 문장성분이 되진 않는다. 연결하는 의미에 따라 다음과 같은 접속사가 있다.

연결 의미	종 류
병렬관계	跟 和 同 与 而 及 或 以及
연속관계	接着 于是 从而
누적관계	不但……而且／并且 尚且 况且 何况
선택관계	还是 或者
인과관계	因为……所以 因此 因而 既然 由于
전환관계	虽然 盡管 但是 可是 不过 然而
조건관계	只要……(就) 只有……(才) 除非 不管 无论
가정관계	要是 如果 假如 就是 即使
취사선택관계	与其……宁可／(不如) 宁愿 宁肯
열거관계	例如 比如 比方

이러한 접속사를 연결할 수 있는 대상에 따라 다시 분류하면 다음과 같다.

단어나 구 연결	跟 和 同 与 而 及 或
단문과 단문 연결	不但 因为 所以 既然 即使 尽管 除非 虽然 因而 然而 因此 从而 于是 如果 宁可 尚且 况且 何况 与其 只要
단어, 구, 단문 연결	而 而且 并 并且 或者 还是 由于 因为 只有 无论 不管

※ "跟, 和, 同, 与"가 두 개 이상의 단어나 구를 연결하는 기능은 같지만, "跟"과 "同"은 구어에서 "与"는 서면어에서 주로 사용된다. "和 "는 문체와 상관없이 폭넓게 쓰인다.

※ "跟, 和, 同, 与"은 접속사와 개사의 기능을 동시에 갖고 있다. 문장 속에서 결합된 앞 뒤의 단어나 구를 보고 구분할 수밖에 없다. 구분하는 방법은 아래와 같다.

(1) 접속사로 쓰일 때 접속사의 앞 뒤 성분은 그 기능이나 성분이 유사하다. 즉, 하나의 성분이 명사라면 또 하나의 성분도 명사이다. 일반적으로 명사와 동사를 연결하진 않는다. 또한 일반적으로 하나의 성분이 구라면 다른 성분도 구를 쓴다.

(2) "跟, 和, 同, 与"로 나열된 앞 뒤 성분의 위치를 바꿔보면 개사인지 접속사인지 알 수 있다. 만약 위치를 바꾸었을 때 비문이 되거나 의미가 바뀐다면 개사이고, 의미가 바뀌지 않으면 접속사이다.

小李和小王都是中国人。
샤오 리와 샤오 왕은 모두 중국인이다.
小王和小李都是中国人。 (접속사)
샤오 왕과 샤오 리는 모두 중국인이다.

小李打算和小王一起看电视。
샤오 리는 샤오 왕과 함께 TV를 볼 계획이다.
* 小李小王和打算一起看电视。 (개사)

李先生跟王先生是同班同学。
이 선생과 왕 선생은 동기동창이다.
王先生跟李先生是同班同学。 (접속사)
왕 선생과 이 선생은 동기동창이다.

这个问题我先跟王先生商量吧。
이 문제는 내가 먼저 와 선생과 상의해 보겠다.
* 这个问题我王先生跟先商量吧。 (개사)

Ⅲ. 구의 종류와 구조

구[短语]는 달리 사조[词组]라 불리며, 단어와 단어가 일정한 방식으로 결합되어 의미를 표현하는 문법 요소이다. 중국어에서 구는 한 문장의 일부분일 수도 있고, 그 자체로 문장이 될 수도 있다.

A: 你知道不知道他去美国留学?
너는 그가 미국에 유학 간 걸 알아?

B: 我知道。(주서구 : 하나의 문장)
나는 알아.

⇒ 我知道的事儿他们肯定都知道。(관형어 : 문장의 일부분)
내가 아는 일은 그들도 모두 알아.

1. 결합구조에 의한 구 분류

구 또한 단어의 결합구조와 같이 일정한 결합방식에 의해 다음과 같은 구조의 구로 분류될 수 있다.

1.1. 주서구[主谓短语]

"주어[主语] + 서술어[谓语]"의 구조를 가진 구를 말한다. "주어 + 서술어" 구조는 중국어에서 다른 결합구조와 비교하면 상대적으로 상위의 구조이다. 즉, 다른 결합구조는 "주어 + 서술어" 구조에 속한 하위의 구조이다. 주서구를 구성하는 성분을 살펴보면 다음과 같다.

1.1.1. 주어의 형태

一. 대사, 명사, 명사구

他 去 过 颐 和 园
주 | 서

他去过颐和园。(대사)
그는 이화원에 간적이 있어.

这是我们的教室。(대사)
이곳은 우리의 교실이다.

谁是你的研究生? (대사)
누가 당신의 대학원생입니까?

老师病了。(명사)
선생님이 병이 났어.

蝴蝶已经飞走了。(명사)
나비는 벌써 날아갔어.

今天星期一。[19] (명사)
오늘은 월요일이다.

教室里有很多学生。(명사구)
교실에는 많은 학생이 있다.

去北京的火车票已经卖光了。(명사구)
베이징에 가는 기차표는 이미 매진되었어.

二. 수사, 수량구

三 十 五 是 三 十 加 五
주 서

三十五是三十加五。(수사 : 정수)
35는 30에 5를 더한 것이다.

九是三的三倍。(수사 : 정수)
9는 3의 3배수이다.

百分之七十又书写为70%。(수사 : 분수)
백분의 칠십은 또한 칠십 프로라 쓴다.

我们家有两个孩子，一个叫元元，一个叫友友。[20] (수량구)
우리 집에는 두 아이가 있어, 하나는 위엔위엔이라 부르고, 하나는 요우요우라 불러.

一斤三块五。(수량구)
1근은 3.5위안이다.

---

19) 시간을 의미하는 명사나 명사구의 주어는 문법학자에 따라 조금은 다른 견해를 보이기도 한다. 하나는 부사어로 보는 견해이고, 하나는 행위의 주체가 있는 경우에 주체의 앞에 있으면 주어, 뒤에 있으면 부사어로 보는 견해이다. 本書에서는 명사가 부사어가 되는 경우는 다음과 같이 동사의 방식을 표현하는 경우 외에는 부사어가 되지 않는 것으로 본다.
双方口头达成了协议。쌍방은 구두로써 협의에 도달하였다.

20) 수량구가 다른 성분의 도움 없이 주어가 되는 경우는 앞뒤 문맥이나 언어 환경에서 이미 상대방이 알고 있는 경우에 많이 쓰인다.

三. 동사, 동사구

期 待 很 美
주 서

期待很美，美在不知道结果。(동사)
기대하는 것은 아름다워, 아름다움은 그 결과를 모르는데 있어.

去是去，不过我不想一个人去。[21] (동사)
가기는 가지만, 나는 혼자 가고 싶지 않아.

学汉语真不容易。(동사구)
중국어를 배운다는 것이 정말 쉽지 않아.

吃得太饱不好。(동사구)
먹어서 너무 배부른 것은 좋지 않아.

多听、多说是提高外语水平的好方法。(동사구)
많이 듣고 많이 말하는 것은 외국어 수준을 높이는 좋은 방법이다.

四. 형용사, 형용사구

骄 傲 让 人 落 后
주 서

骄傲让人落后。(형용사)
교만은 사람을 퇴보시킨다.

---

21) 단일 동사는 특정한 설명이 필요한 문장에서 주어가 되거나, 판단동사가 있는 조건절의 복문에서 종종 주어로 쓰인다.

谦虚是人与人之间所要具备的基本礼仪。(형용사)
겸손은 사람과 사람 사이에 갖춰야 할 기본 예절이다.

方便是方便, 可是很贵。(형용사)
편하기는 편하지만, 비싸다.

生动和活泼是群众对他作品的评价。(형용사구)
생동적이고 활발함은 대중들의 그의 작품에 대한 평가이다.

五. 주서구

他 不 来 也 要 开 始
주 | 서
주 | 서

他不来也要开始。
그가 오지 않아도 시작해야 해.

他去北京已过三年多了。
그가 베이징에 간지 벌써 3년 정도의 시간이 지났다.

学生上课就是他们的义务。
학생이 수업에 가야 하는 것은 그들의 의무이다.

1.1.2. 서술어의 형태

一. 동사, 동사구

她 是 我 的 爱 人
주 | 서

我们走! (동사)
우리 가자!

我承认，你们别再提了。(동사)
나는 인정해, 너희들 다시는 언급하지 마.

她是我的爱人。(동사구)
그녀는 나의 배우자이다.

年轻人总是赶时髦。(동사구)
젊은이는 언제나 유행을 따른다.

他会说汉语。(동사구)
그는 중국어를 말할 수 있다.

他比我跑得快。(동사구)
그는 나보다 달리는 게 빨라.

二. 형용사, 형용사구

他 的 为 人 非 常 诚 实

주	서
他的为人	非常诚实

这本词典便宜，那本词典贵。(형용사)
이 사전은 싸고, 저 사전은 비싸다.

男同学多，女同学少。(형용사)
남학생은 많고, 여학생은 적다.

他的为人非常诚实。(형용사구)
그의 사람 됨됨이는 매우 성실하다.

这孩子的性格又生动又活泼。(형용사구)
이 아이의 성격은 생동적이기도 하고 활발하기도 하다.

他一直忙不过来。(형용사구)

그는 계속해서 바빠서 어찌해야할지 몰라.

三. 명사, 명사구

西 蒙 法 国 人

주 | 서

《茶馆》的作者，老舍。(명사)

《차관》의 저자는 노사다.

他，大夫。(명사)

그는 의사야.

西蒙，法国人。(명사구)

사이먼은 프랑스 사람이야.

明天星期六。(명사구)

내일은 토요일이다.

一年三百六十五天。(명사구 : 수량구)

1년은 365일이다.

四. 주서구

这 个 人 胆 子 很 小

주 | 서

주 | 서

这个人胆子很小。

이 사람은 담이 작아.

他学习非常努力。
그는 공부할 때 매우 노력해.

今天我们去看电影。
오늘은 우리 영화 보러 간다.

屋子里蚊子多得很。
방에는 모기가 매우 많아.

社会上月光族逐渐多起来了。
사회에서 월광족(버는 대로 다 쓰은 사람들)이 점차적으로 많아지고 있다.

1.2. 술목구[述宾短语]

"술어[述语] + 목적어[宾语]"의 구조로 구성된 구를 말한다. 술목구를 구성하는 성분을 살펴보면 다음과 같다.

1.2.1. 술어의 형태

一. 대부분의 타동사

帮 助 别 人
술 | 목

看电视。 TV를 보다.
教汉语。 중국어를 가르치다.
挖了不少地洞。 적지 않은 땅굴을 파다.
帮助别人。 다른 사람을 돕다.

保持体力。　체력을 유지하다.

二. 일부 자동사[22]

来 一 位 客 人
술 | 목

来一位客人。　손님이 한 분 오다.

来北京。　베이징에 오다.

去长城。　만리장성에 가다.

去过一次。　한 번 간 적이 있다.

三. 판단동사

판단동사 "是"는 다른 동사와 다르게 술어로 쓰이지만 뒤에 위치한 목적어와 의미적 연결 관계가 있는 것이 아니라 주어와 목적어의 의미 관계를 연결시켜주는 역할을 하는 특수한 동사이다.

판단동사가 연결시키는 주어와 목적어의 의미관계는 "동일하거나 유사한 사물의 관계", "종속 관계", "속성이나 특성의 관계" 등을 연결시킨다. 또는 중국어에서 "是……的" 구문을 형성하여 어떤 의미를 강

22) 방향을 나타내는 동사 "来"와 "去"에 대하여 어떤 문법서에서는 타동사로 분류하기도 한다. 하지만 "来"와 "去"는 타동사와 다르게 어떤 대상에 대한 동작 행위를 표현하는 것이 아니라 장소와 연관된 단어를 뒤에 목적어로 두고 방향성만을 가리키는데 쓰이며, 사람이나 사물을 나타내는 단어를 목적어로 두어 출현이나 소실의 의미를 전달할 때만 목적어를 수반하기 때문에 자동사로 분류하는 것이 좀 더 타당하다고 본다.

조하기도 한다.

我 是 坐 地 铁 来 的
주 | 서
술 | 목 | 的

小王是我的学生。(종속 관계)
샤오 왕은 나의 학생이다.

这是一本词典。(동일 혹은 유사 관계)
이것은 한 권의 사전이다.

时间就是生命。(속성 관계)
시간이 바로 생명이야.

我是坐地铁来的。(수단을 강조: 坐地铁)
나는 지하철을 타고 왔다.

四. 조동사

能 游 一 百 米
술 | 목

会说汉语。	중국어를 말할 수 있다.
能游一百米。	백미터를 수영할 수 있다.
可以抽烟吗?	담배를 피워도 됩니까?
想买一台笔记本。	노트북을 한 대 사고 싶다.
敢保证。	감히 보장하다.

※ 조동사는 동사에서 변화되거나 파생된 단어로 볼 수 있다. 때문에 현대 중국어의 일부 동사는 조동사의 기능을 동시에 겸하고 있는 경우가 있다.

她总是想她的女儿。(동사: 想+명사구)
그녀는 언제나 그녀의 딸을 그리워한다.
我想去北京。(조동사: 想+동사구)
나는 베이징에 가고 싶다.

他会法语。(동사: 会+명사)
그는 프랑스어를 잘 한다.
他会说法语。(조동사: 会+동사구)
그는 프랑스어를 할 수 있다.

我要新上市的手机。(동사: 要+명사구)
나는 새로 출시된 핸드폰을 원한다.
我要买一辆新车。(조동사: 要+동사구)
나는 새 차 한 대를 사고 싶다.

일반 동사와 달리 조동사가 술어가 될 때는 뒤에 반드시 동사적 의미를 갖는 용언만이 목적어가 될 수 있다.

五. 술보구조의 동사구

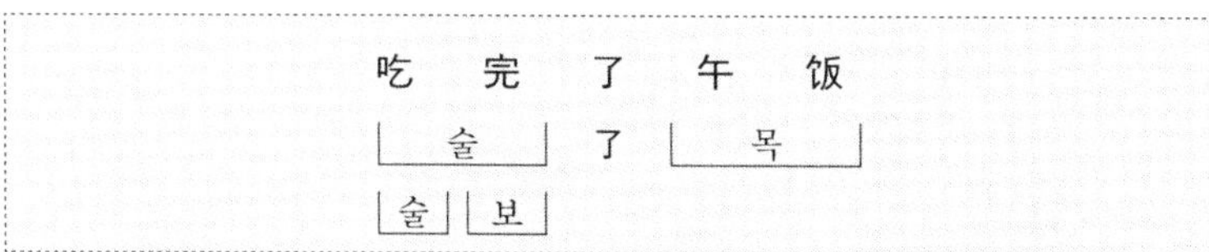

吃完了午饭。(결과)
점심을 다 먹었다.

增加到两倍。(결과)
두 배까지 증가하다.

写得好汉字。(가능)
한자를 잘 쓸 수 있다.

走进教室。(방향)
교실로 들어가다.

※ 현대 중국어에서 술보구조로 구성된 동사구와 형용사구는 비록 그 자체는 단어가 조합된 구이지만, 문장 속에서 또 다른 단어나 구와 결합할 때 하나의 단어처럼 쓰여 결합구조를 형성한다. 그만큼 다른 결합구조에 비해 술보구조의 구는 상대적으로 결합관계가 긴밀하여 고정된 형태를 갖고 있다.

六. 일부 형용사 및 형용사구

突　出　重　点
술　목

麻烦你了。(겹품사)
당신을 번거롭게 하였습니다.

苦了一辈子了。(겹품사)
한 평생을 힘들게 하였다.

安定人心。(겹품사)
인심을 안정시키다.

突出重点。(겹품사)
중점을 부각시키다.

累死我了。(형용사구 : 술보구조)
나를 힘들어 죽게 해!

※ 현대 중국어에서 일부 형용사는 사물의 성질이나 상태를 표현하는데 주로 쓰이지만, 때로는 동사적 의미와 기능을 함께 가지고 있기도 한다. 이렇게 두 개의 기능을 겸유한 단어 유형을 겸품사[兼类词]라 한다. 주로 형용사로 쓰이는 단어가 동사의 기능을 겸유했을 때 뒤에 목적어를 수반할 수 있다. 단지 의미 표현에 있어서 사역적인 의미로 "~로 하여금 ~하게 하다 혹은 ~를 ~하게 시키다"로 해석한다.

1.2.2. 목적어의 형태

구조적으로 보면 현대 중국어에서 하나의 술어는 목적어의 길고 짧은 결합구조에 상관없이 아래와 같이 하나의 목적어를 수반하는 것이 일반적인 문형이다.

월드컵에 참가했다.
参 加 了 世 界 杯 足 球 比 赛。
술 | 了 | 목

현대 중국어에서 주로 쓰이는 일반적인 목적어의 형태를 분류하면 다음과 같다.

一. 대사, 명사

说 什 么
술 목

我找他。
내가 그를 찾는다.

你是谁?
당신은 누구입니까?

你说什么?
너는 무엇을 말하는 거야?

他看电影。
그는 영화를 본다.

我学汉语。
나는 중국어를 배운다.

二. 명사구

参 加 了 在 上 海 召 开 的 研 讨 会
술 了 목

他写过一篇小说。
그는 소설 한 편을 쓴 적이 있다.

我喜欢中国电影。
나는 중국 영화를 좋아한다.

小王是从中国来的留学生。
샤오 왕은 중국에서 온 유학생이다.

我们参加了在上海召开的研讨会。

우리는 상하이에서 개최되는 세미나를 참석했다.

三. 수사, 수량구

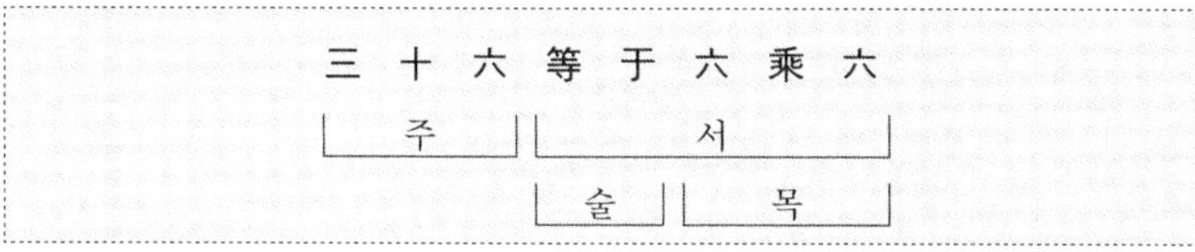

三加三等于六。

3 더하기 3은 육과 같다.

三十六等于六乘六。

36은 6 곱하기 6과 같다.

汉语词典我有三本。

중국어 사전은 내가 세 권을 가지고 있다.

等一会儿。

잠시 기다리다.

读了三遍。

세 차례 읽었다.

四. 동사, 동사구

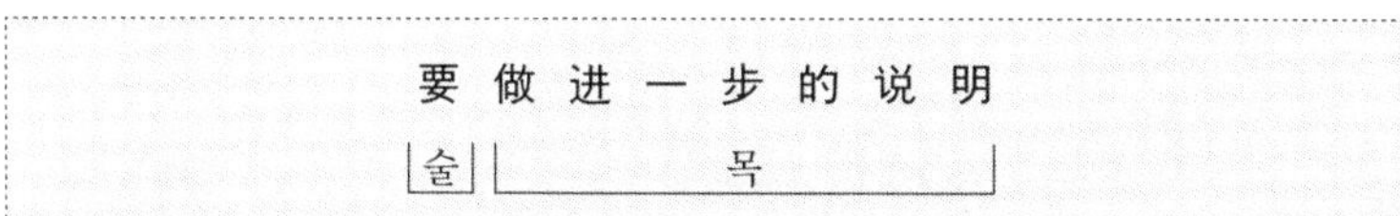

中国电影我喜欢看。

중국영화는 내가 보기를 좋아한다.

我的写作还要加以修改。(동사술어 加以의 목적어。)
나의 작문은 아직은 더 수정을 해야 한다.

老师要做进一步的说明。
선생님은 심화된 설명을 하려 한다.

八点半开始上数学课。
8시 반에 수학 수업을 시작한다.

五. 형용사, 형용사구

显 得 十 分 高 兴
술 목

这孩子总是怕辛苦，不知怎么办才好。
이 아이는 언제나 힘든 것을 두려워하는데, 어떻게 해야 할지 모르겠다.

他们喜欢热闹。
그들은 시끌벅적한 것을 좋아한다.

爸爸显得十分高兴。
아버지는 매우 기쁘게 보였다.

他是热情直爽。
그는 열정적이고 시원시원하다.

六. 주서구

술어가 사람의 감각이나 심리활동을 나타내는 동사일 때 주서구 형태의 목적어를 수반할 수 있다. 이렇게 주서구를 목적어로 가질 수 있는 동사는 다음과 같다.

想 怕 听 说 看 忘 忘记 认为 以为 觉得 记得 了解 知道 相信 喜欢 希望 盼望 认识 同意 发现 建议

구체적인 분석형태는 아래와 같다.

希 望 你 到 我 家 来 作 客

술 | 목

주 | 서

我想他不久就会来找你。

나는 그가 오래지 않아 너를 찾아오리라 생각한다.

爸爸忘了妈妈今晚出去不在家。

아버지는 어머니가 오늘 저녁 외출하여 집에 계시지 않는 것을 잊었다.

我希望你到我家来作客。

나는 네가 우리 집에 와 손님이 되기를 희망한다.

我们建议你要考虑学生的汉语水平。

우리는 네가 학생들의 중국어 수준을 고려해야 한다고 건의했다.

※ 일반적인 술목구와는 달리 현대 중국어에서는 특정한 상황에서 두 개의 목적어를 수반하는 두 가지 유형의 술목구조가 있다.[23)]

(1) "술어[述语] + 간접목적어[间接宾语] + 직접목적어[直接宾语]" 유형

23) 편의상 분석표 안의 성분을 다음과 같이 줄여 표기한다.
"직접목적어 – 직목 / 간접목적어 – 간목 // 진목적어 – 진목 / 준목적어 – 준목"

간접목적어는 행위의 대상을 나타내며, 직접목적어는 행위의 제약을 받는 사물을 나타낸다. 이러한 구조를 가질 수 있는 동사는 중국어에서 한정적이며 다음과 같은 것들이 있다.

给 送 借 还 拿 问 教 取 赚 赔 管 告诉 称 交 收 叫 骂 占 当 差 寄 租 偷 询问

送 他 两 张 电 影 票

술	직목

술	간목

我问他 一件事儿。
내가 그에게 한 가지 일을 묻다.

他借我 一本汉语词典。
그는 나에게 중국어 사전 한 권을 빌렸다.

我送他 两张电影票。
나는 그에게 영화표 두 장을 주었다.

(2) "술어[述语]+준목적어[准宾语]+진목적어[真宾语]" 유형

준목적어는 동작행위에 대한 횟수나 시간량을 나타내며, 진목적어는 동작행위와 연관된 의미의 사람이나 사물 또는 장소를 나타낸다. 일반적으로 준목적어와 진목적어의 위치는 교환할 수 있지만, 사람을 가리키는 명사나 대사가 진목적어로 쓰인 경우 "술어[述語] + 진목적어[眞賓語] + 준목적어[准賓語]"의 형태로 표현된다.

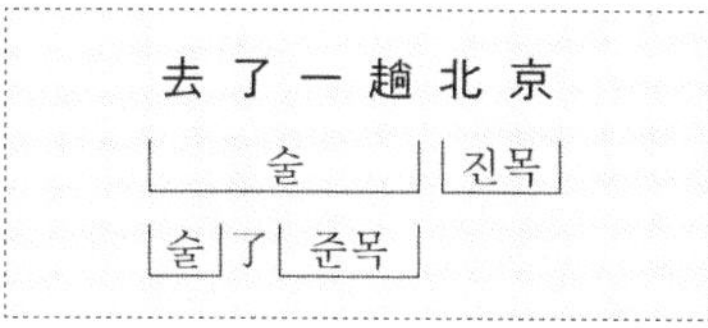

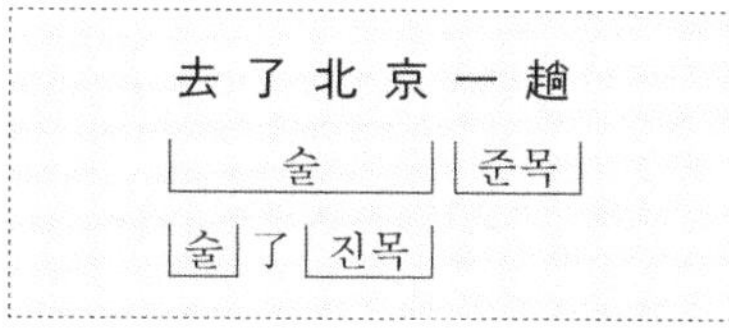

去了一趟北京。 ↔ 去了北京一趟。
베이징에 한 번 갔다.

读了两遍书。 ↔ 读了书两遍。
책을 두 차례 읽었다.

我等了小王半天了。⇸ *我等了半天小王了。
샤오 왕을 하루 종일 기다렸다.

踢了他一脚。 ⇸ *踢一脚他。
그를 한 번 걷어찼다.

1.3. 술보구[述补短语]

술보구는 “술어[述语] + 보어[补语]” 구조로 결합된 구를 말한다. 보어는 술어인 동사나 형용사 뒤에 놓여 술어가 나타내는 동작행위나 사물의 성질 또는 상태 등을 조금 더 상세하게 보충 설명해 주는 성분이다.

문장 속에서 술보구는 결합 관계가 긴밀하여 또 다른 성분과 함께 쓰일 때 하나의 단어와 같은 작용을 한다. 즉, 술보구조 특유의 고정된 조합 이외에 다른 단어들이 술보구조 사이에 위치할 수 없다.

현대 중국어에서는 보어가 술어에 대해 보충 설명하는 표현 의미와 형태에 따라 “결과보어”, “방향보어”, “가능보어”, “정도보어”, “개사구

보어"로 분류할 수 있다.

1.3.1. 결과보어[结果补语]

결과보어는 일반적으로 단음절의 동사나 일부 형용사 술어의 뒤에 놓여 술어가 표현하는 동작행위나 상태에 대한 결과를 나타낸다.

1.3.1.1. 형태

결과보어는 일부 단음절의 동사나 소수의 형용사가 담당한다. 자주 결과보어로 쓰이는 단어는 다음과 같다.

동사	完 成 见 懂 到 住 死 走 破 会 掉 着(zháo)
형용사	好 够 光 累 惯 干净 清楚 明白

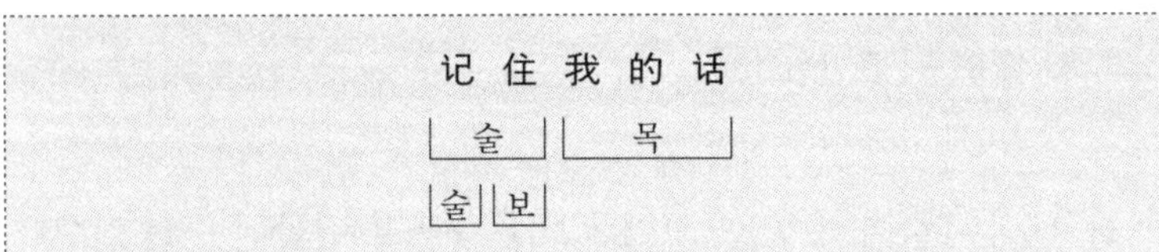

李教授写完了一篇论文。
이 교수는 논문 한 편을 다 썼다.

我好象听见了有人叫我的声音。
나는 어떤 사람이 나를 부르는 소리를 들은 것 같다.

他说的话，我们都听懂了。
그가 한 얘기는 우리 모두 듣고서 이해했다.

他们把紫禁城改成故宫博物馆了。
그들은 자금성을 고궁박물관으로 고쳤다.

你记住我的话。
너는 내 말을 기억해야 해.

已经喝够了酒，咱们走吧。
이미 충분히 술을 마셨어, 우리 가자.

我的自行车被人偷走了。
나의 자전거는 남에게 도둑을 맞았다.

中国菜我都吃惯了。
중국요리는 내가 모두 먹는 것에 익숙해 졌어.

昨天我已经讲清楚了，你们还问我什么?
어제 내가 이미 분명히 얘기했는데, 너희들은 또 나에게 무엇을 묻는 거야?

下课后，班长替我把黑板擦干净了。
수업이 끝난 후 반장이 나 대신에 칠판을 깨끗이 지웠다.

1.3.1.2. 특성

① 술보구의 결합이 매우 긴밀하여 하나의 동사처럼 쓰이기 때문에 동태조사 "了，过" 등이 술보구 뒤에 놓인다.

写完了报告。 ⇏ * 写了完报告。
과제를 다 썼다.

小时候，打死过一条蛇。⇏ * 打过死一条蛇。
어렸을 때 뱀 한 마리를 죽인 적이 있다.

② 정도보어와 개사구보어는 목적어를 뒤에 수반할 수 없지만, 다른 술보구는 술어로 쓰이며 목적어를 수반할 수 있다.

小王拿走了我的词典。
샤오 왕이 나의 사전을 가지고 갔다.

等孩子长大一点儿再谈吧。
아이가 좀더 큰 다음에 다시 얘기하자.

③ 결과보어 술보구의 부정 형태는 일반적으로 부정부사 "没(有)"를 쓴다.

他的话我没听懂。

그의 얘기는 내가 알아듣지 못했다.

我还没吃够呢。

나는 아직 충분히 먹지 못했다.

④ 결과보어 술보구라도 부정 형태에서 어떤 조건을 표현하는 경우 "不"를 쓰기도 한다.

你不做完练习，我不跟你去旅游。
네가 연습문제를 다 하지 않으면 나는 너와 여행을 가지 않는다.

他要是不把事情的情形讲清楚，后果不堪设想。
그가 만약 일의 정황을 분명히 얘기하지 않으면, 그 결과는 상상할 수도 없다.

1.3.2. 방향보어[趋向补语]

방향보어는 동사술어 뒤에 놓여 동작행위의 방향이나 심리적 방향을 표현하는 보어이다.

1.3.2.1. 형태

현대 중국어에서 방향보어가 되는 동사는 한정적이다. 그 형태에 따라 분류하면 다음과 같다.

一. 단순형

술어 뒤에서 방향을 나타내는 단음절 동사가 보어가 되는 것을 단순형 방향보어라 한다.

동사+	来	화자에게 가까운 방향으로 이동
	去	화자로부터 멀어지는 방향으로 이동
	上	낮은 곳에서 높은 곳으로의 이동
	下	높은 곳에서 낮은 곳으로의 이동
	进	밖에서 안으로의 이동
	出	안에서 밖으로의 이동
	回	원래 있던 곳으로의 이동
	过	통과하여 지나가는 이동
	起	낮은 곳에서 수직적 상승을 통해 높은 곳으로 이동

买 来 一 本 小 说

술 | 목

술 | 보

昨天我买来一本小说。

어제 나는 소설 한 권을 사왔다.

孩子们向老师那儿跑去了。

아이들이 선생님이 있는 곳을 향해 뛰어갔다.

蝴蝶飞上天空了。

나비는 하늘로 날아올랐다.

把枪放下。

총을 내려놓아라.

他们走进博物馆。
그들은 박물관으로 들어갔다.

我从书包里拿出一本书。
나는 가방에서 책을 한 권 꺼냈다.

他们下了课就跑回宿舍。
그들은 수업이 끝나자마자 기숙사로 뛰어 돌아갔다.

飞机飞过海南岛，飞向夏威夷。
비행기는 하이난 섬을 지나 하와이로 날아갔다.

天安门广场上升起五星红旗了。
텐안먼 광장에 오성홍기가 솟아올랐다.

二. 복합형

술어 뒤에서 방향을 나타내는 단음절 동사가 "来", "去"와 결합하여 보어가 되는 것을 복합형 방향보어라 한다.

동사+	上来	下来	进来	出来	回来	过来	起来
	上去	下去	进去	出去	回去	过去	*[25]

복합형 방향보어의 구조관계를 분석하면 다음과 같다.

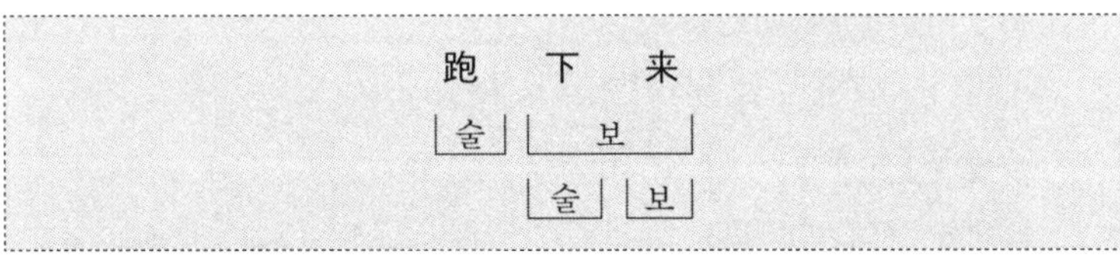

24) 현대 중국어 표준어에서는 "起去"가 쓰이지 않는다.

爬上来 기어 올라오다	爬上去 기어 올라가다
跑下来 뛰어 내려오다	跑下去 뛰어 내려가다
走进来 걸어 들어오다	走进去 걸어 들어가다
接回来 맞아 돌아오다	接回去 맞아 돌아가다
走过来 (자기를 향해) 걸어 오다	走过去 걸어 가다
抬起来 (머리) 들이 올리다	* * *

1.3.2.2. 특성

① "来", "去"가 방향보어로 쓰인 술보구가 술어로 쓰여 "일반 사물"을 나타내는 목적어와 함께 쓰이면 그 목적어는 술보구 뒤에 놓일 수도 있고, 술보구조 사이에 놓일 수도 있다.

送来一本书 ⇒ 送一本书来
책 한 권을 보내오다.

寄来一封信 ⇒ 寄一封信来
편지 한 통을 부쳐오다.

拿出来一些钱 ⇒ 拿出一些钱来 ⇒ 拿一些钱出来
약간의 돈을 꺼내다.

② "동사 + 来", "동사 + 去"가 결합된 술보구는 "장소"와 관련된

목적어와 함께 쓰이면 그 목적어는 “来”, “去”앞에 놓인다.

进门来　　⇏ * 进来门
문으로 들어오다.

回家去　　⇏ * 回去家
집으로 돌아가다.

走进教室来　　⇏ * 走进来教室
교실로 들어오다.

③ “来”와 “去”를 제외한 단순방향 동사 “上, 下, 进, 出, 回, 过, 起”가 보어로 쓰인 술보구가 술어가 되어 목적어를 수반하는 경우, 목적어가 일반 사물이든 장소이든 상관없이 술보구 뒤에만 놓인다.

天快黑了，咱们走下山吧!　　⇏ * 咱们走山下吧!
어두워졌어, 우리 산을 내려가자.

他们想出一个好主义。　　⇏ * 想一个好主义出。
그들은 좋은 방법을 생각해 냈다.

他们都闭上眼睛了。　　⇏ * 闭眼睛上
그들은 모두 눈을 감았다.

④ 방향보어를 가진 술보구 사이에 다른 성분이 놓인다는 것은 결합구조의 변화를 나타낸다.

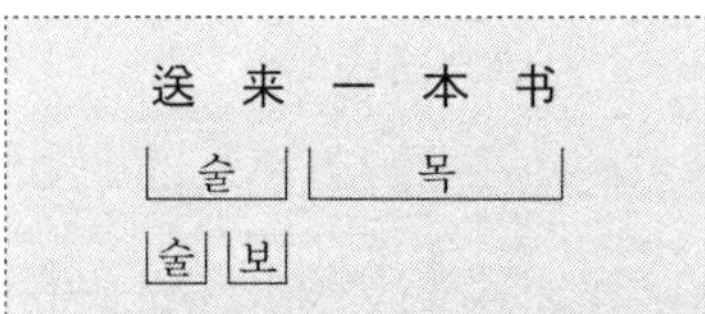

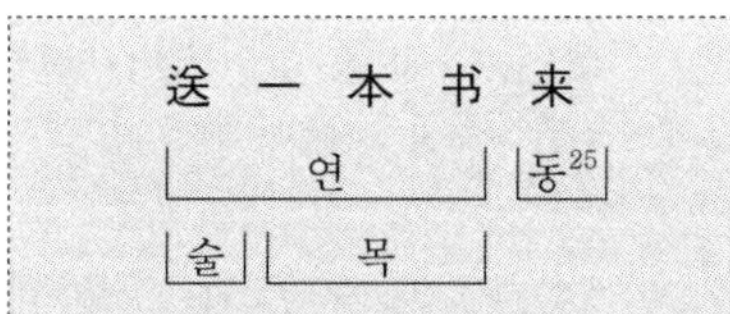

일부 문법서에서는 술보구 사이에 목적어가 놓일 경우에도 의미적으로만 보아 모두 술보구조로 분석하고 있기도 하다. 이러한 결합구조의 변화는 "술어 + 방향보어"의 결합구조가 상대적으로 다른 술보구조에 비해 긴밀하지 않음을 나타낸다. 때문에 현대 중국어에서 동작행위가 완료된 방향성을 표현할 때 아래와 같이 "동작동사 + 방향동사" 사이에 동태조사 "了"가 놓일 수 있다.

他突然说了出来。
그는 갑자기 말을 꺼냈다.

他刚吃了口香糖，不久就吐了出来。
그는 방금 껌을 먹고, 오래지않아 바로 뱉어냈다.

⑤ 방향보어가 방향을 나타내지 않고 다른 의미를 표현할 수도 있다.

他们勾结起来欺骗他了。(시작 또는 새로운 상황의 출현)
그들은 그를 속이기 위해 작당하기 시작했다.

把门关上。(접합 또는 고정)
문을 닫다.

坚持下去。(행위의 지속 또는 멀어짐)
계속해서 견지하다.

1.3.3. 가능보어[可能补语]

가능보어는 앞에 동사술어와 결합하여 동작행위의 가능과 불가능

25) 동사 또는 동사구가 연이어 쓰인 "연동" 구조를 표시한다.

을 표현한다.

1.3.3.1. 형태

一. 결과보어 술보구와 방향보어 술보구 사이에 가능을 나타내는 "得"와 불가능을 나타내는 "不"를 넣어 가능보어 술보구를 만들 수 있다.

<table>
<tr><td rowspan="2">동사술어</td><td rowspan="2">+</td><td>得</td><td rowspan="2">+</td><td>결과보어</td></tr>
<tr><td>不</td><td>방향보어</td></tr>
</table>

결과/방향보어 술보구	가능	불가능
看懂	看得懂	看不懂
吃完	吃得完	吃不完
听清楚	听得清楚	听不清楚
跑过来	跑得过来	跑不过来
找来	找得来	找不来

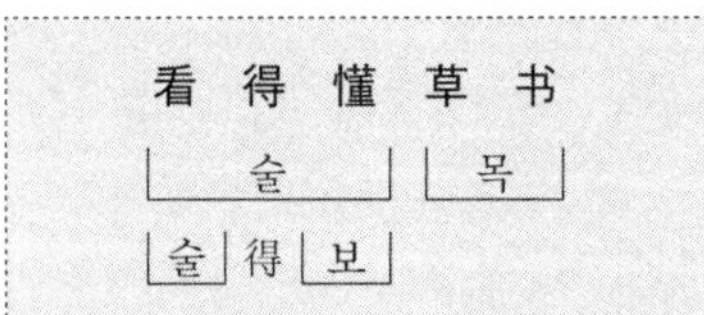

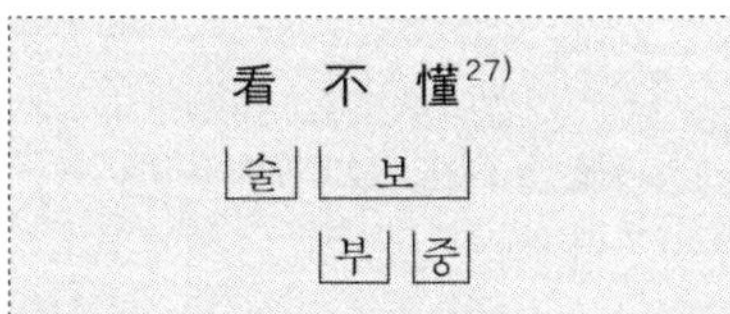

26) 일부 중국 문법 학자들에 의해 불가능을 나타내는 결합구조에 쓰인 "不"를 "得"와 함께 조사로 보아야 한다는 주장이 제기되고 있다. 구조상으로 보았을 때 분명히 타당성이 있지만, 아직은 정론화되고 규범화 되었다고 보기 어렵다. 때문에 "不"의 부사 기능을 적용하여 "부사어 + 중심어"의 결합관계로 분석하였다.

你看得懂草书吗?
당신은 초서를 보고 이해할 수 있습니까?

我看不懂。
나는 보고 이해할 수 없습니다.

这么多菜你吃得完吗?
이렇게 많은 요리 네가 다 먹을 수 있어?

我吃不完那么多菜。
나는 그렇게 많은 요리를 다 먹을 수 없어.

二. "동사+得(dé)"와 "동사+不+得(dé)"의 구조로서 가능과 불가능을 표현할 수 있다. 주로 부정의 형태로 불가능을 표현하는데 많이 쓰인다.

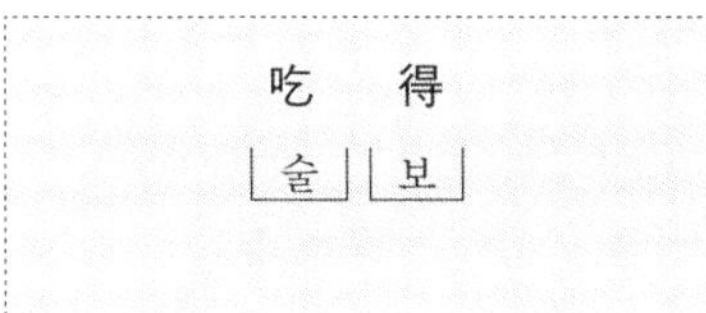

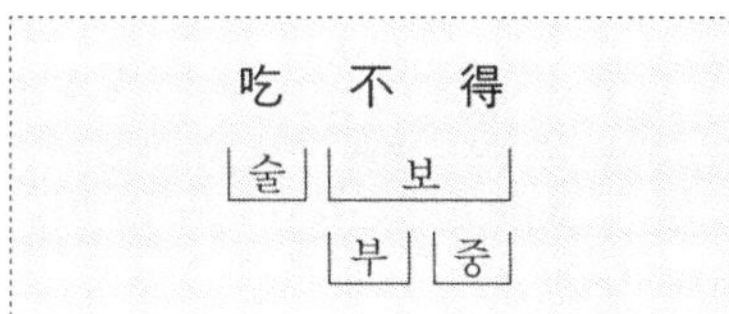

你感冒了, 冰淇淋吃得吗?
너는 감기에 걸렸는데 아이스크림은 먹을 수 있어?

对身体有害的食品是吃不得的。
몸에 유해한 식품은 먹을 수 없어.

这个人真不简单, 小看不得。
이 사람은 정말 간단치 않네, 가볍게 볼 수가 없어.

三. "동사+得+了(liǎo)"와 "동사+不+了(liǎo)"의 구조를 형성하여 가능 또는 불가능을 표현할 수 있다.

가능	불가능
动得了 움직일 수 있다	动不了 움직일 수 없다
办得了 처리할 수 있다	办不了 처리할 수 없다
去得了 (~로) 갈 수 있다	去不了 갈 수 없다
上得了 오를 수 있다	上不了 오를 수 없다
吃得了 먹을 수 있다	吃不了 먹을 수 없다
忘得了 잊을 수 있다	忘不了 잊을 수 없다
写得了 쓸 수 있다	写不了 쓸 수 없다
看得了 볼 수 있다	看不了 볼 수 없다
走得了 (걸어) 갈 수 있다	走不了 갈 수 없다

결합구조를 분석하면 다음과 같다.

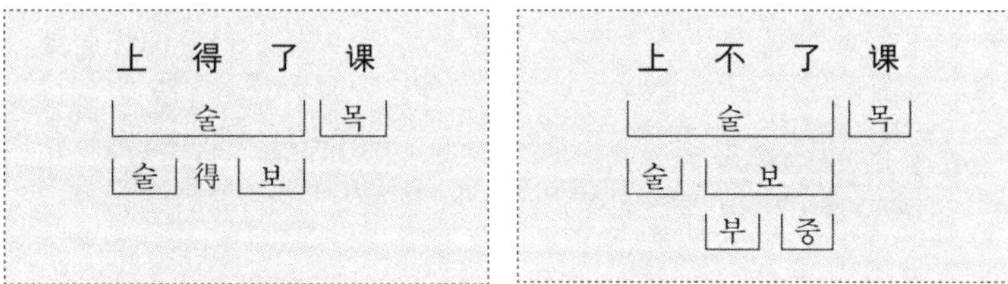

他的行李不太重，连我都搬得了。

그의 짐은 그다지 무겁지 않아, 나조차도 움직일 수 있어.

我的腰扭伤了，现在搬不了。

나의 허리는 삐어서 지금은 움직일 수가 없어.

今天的约会取消了，上得了课了。

오늘의 만남은 취소되었어, 수업에 갈 수 있어.

现在忙得要命，上不了课。

지금은 너무 바빠서 수업에 갈 수가 없어.

我怎么忘得了你对我的关怀。

내가 어찌 너의 나에 대한 배려를 잊을 수 있겠어.

你对我恩重如山，忘不了你的。

너의 나에 대한 은혜가 하늘같아, 너를 잊을 수가 없어.

1.3.3.2. 특성

① 가능보어를 가진 술보구는 술어로서 뒤에 목적어를 수반할 수 있다.

她的书包装不下十几本书。

그녀의 책가방은 책 십여 권을 넣을 수 없어.

我来中国已经三年了，还是吃不惯香菜。

내가 중국에 온지 3년이 지났지만, 여전히 고수는 입에 맞질 않아.

② 복합방향보어를 가진 술보구가 가능보어의 술보구가 되어 술어로 쓰인 경우, 목적어는 “来”, “去” 앞에 놓일 수도 있다.

太不像话了，连我都说不出话来。

정말 말이 안 돼, 나조차도 말을 할 수가 없네.

地铁里挤得转不过身来。

지하철 안이 좁아서 몸도 돌릴 수가 없어.

③ 가능과 불가능의 술보구 형식을 중첩하여 의문문을 형성할 수 있다.

招聘人士的演讲你听得懂听不懂?

초청강사의 강연 너 알아들을 수 있어 (없어)?

你们**吃得了吃不了**这么多菜?
너는 이렇게 많은 요리를 먹을 수 있어 (없어)?

1.3.4. 정도보어[程度补语]

정도보어는 앞의 술어와 결합하여 술어가 도달하는 정도 또는 상태를 표현한다. 의미적으로 보았을 때 정도보어를 가진 술보구가 술어가 도달하는 정도를 표현하는지, 상태를 표현하는지를 판단하기는 쉽지 않다. 때문에 학자에 따라 정도보어를 상태보어[状态补语] 혹은 정태보어[情态补语]라 부르기도 한다.

1.3.4.1. 형태

정도보어를 가진 술보구는 술어와 보어 사이에 조사 "得"를 사용하는 경우가 많지만, "得"가 없는 경우도 있고, 조사 "得"대신에 "个"가 사용되기도 한다. 구체적인 용례를 살펴보면 다음과 같다.

一. "술어+得+정도보어" 구조

가장 보편적으로 사용되는 정도보어 표현 구문이다. 술어가 되는 것은 대부분의 동사와 일부 형용사[27]이고, 정도보어는 동사나 동사구, 형용사나 형용사구, 일부 정도부사, 주서구 등이 될 수 있다.

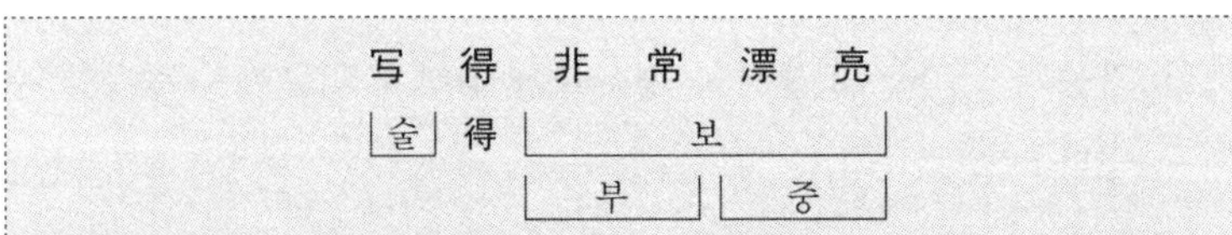

27) 형용사 중 비유적 의미로서 사물의 성질이나 상태를 강조하는 "雪白, 冰凉, 碧绿" 등과 중첩형의 형용사는 뒤에 정도보어를 가질 수 없다.

最近白天热得头晕，晚上冻得发抖。(동사)

최근 낮에는 머리가 어지러울 정도로 덥고, 밤에는 몸이 떨릴 정도로 추워.

他做事做得忘了吃饭。(동사구)

그는 일을 하는데 밥 먹는 것을 잊을 정도로 해.

我儿子游泳游得好，女儿游得不好。(형용사)

우리 아들은 수영을 잘 하는데, 딸은 잘 못해.

刘老师写字写得非常漂亮。(형용사구)

유 선생님은 글자를 쓰는데 매우 아름답게 써.

这孩子聪明得很。(부사)

이 아이는 매우 총명해.

他早晨跑步跑得满身大汗。(주서구)

그는 아침에 뛰는데 온 몸에 땀이 다 날 정도로 뛰어.

二. "술어+정도보어+了" 구조

"极，透，多，坏，死" 등의 단음절 형용사와 일부 동사는 뒤에 "了"와 함께 쓰여 동작 행위의 정도나 상태를 표현하기도 한다. 이 때 조사 "得"는 쓰이지 않고, 뒤에 "了"와 함께 쓰인다.

干 净	多	了
술	보	了

听到这些消息，我们都高兴极了。

이러한 소식을 듣고, 우리는 모두 매우 기뻤다.

我妈为我伤心伤透了。

나의 엄마는 나로 인해 대단히 상심하셨어.

他们的宿舍比以前干净多了。
그들의 기숙사는 이전에 비해 많이 깨끗해 졌어.

这孩子的行为让我气坏了。
이 아이의 행위는 나를 화가 나서 견딜 수가 없게 만들어.

我快热死了。
나는 금방 더워 죽을 것 같아.

三. "술어+个+정도보어" 구조

대화체에서 종종 "个"를 사용한 정도보어 술보구를 볼 수 있다. 이 구문의 술어는 대부분 동사이며, 정도보어는 긍정의 형태와 부정의 형태[28]로 나누어 살펴볼 수 있다.

下	个	不 停
술	个	보

今天没吃早饭，午饭时间我一定要吃个饱。
오늘 아침을 못 먹었어, 점심시간에 나는 반드시 배부르게 먹을거야.

这次一定要调查个一清二楚。
이 번에는 반드시 분명하게 조사해야 한다.

晚上下了大雪，一直下个不停。
밤에 큰 눈이 내렸는데, 계속해서 끊임없이 내려.

三个阿姨聚合，一整天都在聊，说个没完。
세 명의 아주머니가 모이면, 하루 종일 얘기를 나누면서 얘기가 끊임이 없어.

28) 부정 형태로 자주 쓰이는 보어는 "不停，不休，不住，没完，没完没了(liǎo)" 등이며, 일반적으로 "끊임없이" 또는 "계속해서"의 의미를 표현한다.

때로는 "술어+了个+정도보어"와 "술어+得个+정도보어"의 구조로 정도보어 술보구를 구성한다.

周末我们去乐天世界玩了个痛快。
주말에 우리 롯데월드에 가서 통쾌하게 놀자.

他不知有什么事儿，走得个快。
그가 무슨 일인지 모르겠지만, 빠르게 걸어.

1.3.4.2. 특성

① 정도보어 술보구는 뒤에 목적어를 수반할 수 없다.

他汉语说得非常好。(정도보어 술보구) ⇏ * 他说得非常好汉语。
그는 중국어 말하는 게 매우 잘해.

他说得好汉语。(가능보어 술보구)
그는 중국어를 잘 할 수 있어.

② 동작행위의 동사술어가 목적어가 있는 상황에서 정도나 상태를 표현할 때는 동사를 목적어 뒤에 반복해서 쓰고 정도나 상태를 표현한다.

他写书法写得非常好。
그는 서예를 하는데 매우 잘 써.

小王办事办得干净利索。
샤오 왕은 일을 처리하는 게 깔끔해.

③ 정도보어 술보구의 의문문 구성은 정도보어로 쓰인 형용사나 동사의 긍정과 부정형태를 중첩하여 표현할 수도 있고, 의문대

사를 정도보어 위치에 두어 의문문을 구성할 수도 있다.

你看得清楚不清楚?
너는 본 게 확실해?

你学汉语学得怎么样?
너는 중국어를 배우면서 배우기 어때?

④ 정도보어 술보구의 부정 형태는 보어만 부정의 형태를 취한다.

我拍照片拍得好。 ⇒ 我拍照片拍得不好。
나는 사진을 찍는데 잘 찍어. 나는 사진을 찍는데 잘 못 찍어.

她唱歌唱得很好。 ⇒ 她唱歌唱得不太好。
그녀는 노래를 부르는데 잘 불러. 그녀는 노래를 부르는데 그다지 잘 불르지는 못해

1.3.5. 개사구보어[介词短语补语]

개사구보어는 개사 "于, 向, 自"와 개사목적어가 결합한 개사구가 동사나 형용사 뒤에 놓여 시간, 원인, 장소, 비교, 방향, 대상, 출처 등을 보충 설명하는 보어이다.

1.3.5.1. 형태

개사구보어는 "술어+개사구"의 구조로 구성되어 있다.

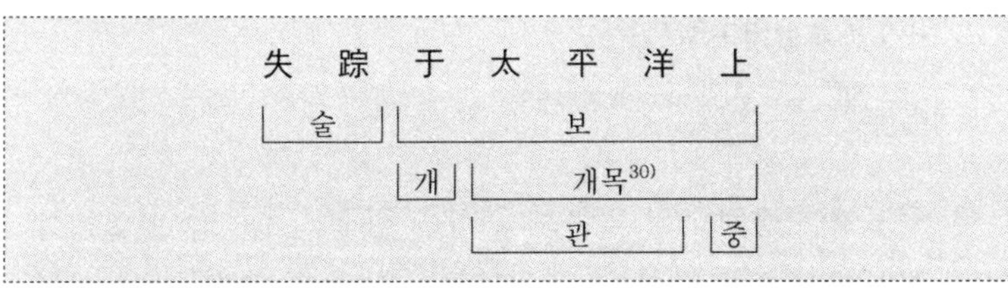

她的母亲生于一九五八年。(시간)
그녀의 모친은 1958년에 태어나셨다.

飞机失踪于太平洋上。(장소)
항공기는 태평양에서 실종되었다.

最近我的孩子正忙于学钢琴。(원인)
최근에 우리 아이는 피아노 배우는데 바쁘다.

路上有人求救于人。(대상)
길에서 어떤 사람이 남에게 도움을 청했다.

苛政猛于虎。(비교)
가혹한 정치는 호랑이보다 사납다.(무섭다)

年轻人的目标应该走向世界。(방향)
젊은 사람의 목표는 마땅히 세계를 향해 나아가야 한다.

这种体例引自《马氏文通》。(출처)
이 체제는 《马氏文通》에서 인용하였다.

1.3.5.2. 특성[30]

① "동사술어+개사구보어" 뒤에 다른 목적어나 보어가 놓일 수 없다.
② "술어"와 "개사구보어" 사이에 다른 어떤 성분도 놓일 수 없다.
③ 개사 "于"와 결합된 개사구보어는 동사나 형용사 뒤에 놓일 수 있지만, "向"과 "自"와 결합된 개사구보어는 동사술어 뒤에만 놓인다.

---

29) "개"는 "개사", "개목"은 "개사목적어"의 축약을 나타내는 용어이다. 문장의 구성을 명확하게 분석하기 위해 본서에서는 개사구도 분석의 대상에 포함시켰다. 분석의 칸이 좁을 경우 "개목"을 "목"이라 적을 수도 있다. 앞에 개사가 있기 때문에 일반 술목관계의 목적어와 구분이 가능하리라 본다.

30) 참고:《實用現代漢語語法》627쪽, 商務印書館, 2004.

1.4. 관중구[定中短语]

관중구는 "관형어[定语] + 중심어[中心语]" 구조로 구성된 수식구조의 하나이다. 이 구조에서 중심어는 대부분 명사나 명사구, 또는 일부 명사적 의미와 기능을 가진 단어나 구로 구성되어 있다.[31] 이런 중심어 앞에 놓여 중심어를 수식하며, 중심어의 의미를 한정하는 성분을 관형어라 한다. 때문에 관형어는 의미적인 관점에서 (달리) "한정어"라 부르기도 한다. 관형어는 문장 속에서 주로 주어나 목적어의 일부분이 된다.

1.4.1. 관형어의 형태

일반적으로 관형어가 되는 것은 다음과 같다.

一. 대사, 명사, 명사구

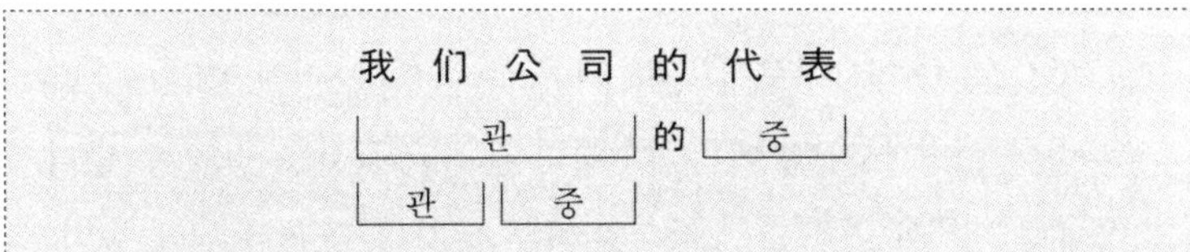

他的女朋友很漂亮。(대사)
그의 애인은 아름답다.

---

31) 수식구조에서 수식하는 성분이 관형어인지 부사어인지를 구분하는 기준은 중심어의 기능과 의미에 달려 있다. 단순히 중심어가 명사나 명사구이면 앞의 수식성분이 관형어가 되고, 중심어가 동사나 동사구이면 부사어가 되는 것은 아니다. 설사 동사나 동사구가 중심어가 될지라도 그 표현 의미가 명사적일 경우 앞의 수식어는 관형어가 된다.

这是谁的孩子? (대사)

이 아이는 누구의 아이입니까?

这个社会上这样的人多得很。(대사)

이 사회에서 이런 사람이 매우 많다.

这儿有木头桌子。(명사)

여기에 나무 탁자가 있다.

他是汉语老师。(명사)

그는 중국어 선생님이다.

我们探访了小王的家。(명사)

우리는 샤오 왕의 집을 방문했다.

王总是我们公司的代表。(명사구)

왕 총경리는 우리 회사의 대표이다.

这所学校仍采取传统教育的方法。(명사구)

이 학교는 여전히 전통적인 교육 방식을 채택하고 있다.

我儿子的出走一直让我操心。(명사구)[32)]

내 아들의 가출은 계속해서 나를 걱정하게 만든다.

二. 동사, 동사구

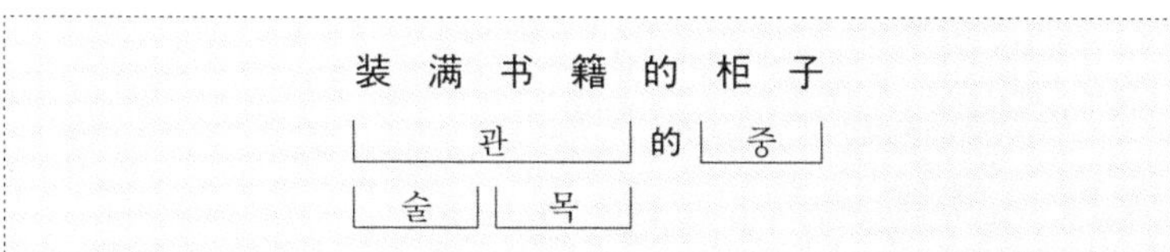

32) "出走"는 동사로서 "도망가다, 이탈하다"의 의미를 갖지만, 문장의 결합관계 속에서 살펴보면, 일반적으로 인칭대사나 사람을 나타내는 명사는 동사를 수식할 수 없다. 때문에 이 예문에 쓰인 "出走"는 동사의 기능을 하기 보다는 명사의 기능을 하고 있는 것이다. 즉 이 예문의 "出走"는 명사구의 수식을 받는 명사적 기능과 의미를 나타내고 있다. 즉, "가출"의 의미를 지닌다.

你们来这儿，吃的东西都是我自己做的。(동사)
당신들이 여기 와서 먹는 것은 모두 내가 만든 것이다.

今天河里游泳的老人特别多。(동사)
오늘 하천에서 수영하는 노인이 특별히 많다.

这次他失去了抵抗的意志。(동사)
이 번에 그는 저항하려는 의지를 잃었다.

他们都是从上海来的留学生。(동사구)
그들은 모두 상하이에서 온 유학생이다.

墙上布置了装满书籍的柜子。(동사구)
벽에는 책이 가득한 책장을 배치하였다.

三. 형용사, 형용사구

十 分 激 烈 的 运 动
관 | 的 | 중
부 | 중

这就是我买的新车。(형용사)
이것이 바로 내가 산 새 자전거이다.

他是一个严肃的人。(형용사)
그는 근엄한 사람이다.

书架上摆着很多书。(형용사구)
책장에 많은 책이 놓여 있다.

篮球是十分激烈的运动。(형용사구)
농구는 매우 격렬한 운동이다.

四. 수량구

十 多 斤 猪 肉

관 | 중

老板昨天才卖了十多斤猪肉。

사장님은 어제 겨우 10여 근의 돼지고기를 팔았다.

那个消防队员救了三条命。

그 소방대원은 세 명의 목숨을 구했다.

期末考试只剩下一天的时间。

기말시험은 단지 하루의 시간이 남았을 뿐이다.

今年减少了百分之三十的营业收入。

올해 30%의 영업이익이 감소되었다.

五. 개사구

개사구는 주로 부사어로 쓰이지만, 소수의 개사구는 관형어로 쓰일 수 있다.

对 我 们 的 关 怀

관 | 的 | 중

非常感谢您对我们的关怀。

당신의 나에 대한 배려에 매우 감사드립니다.

这部电影是关于韩中交流的纪录片。

이 영화는 한중양국의 교류에 관한 다큐멘터리 영화이다.

六. 주서구

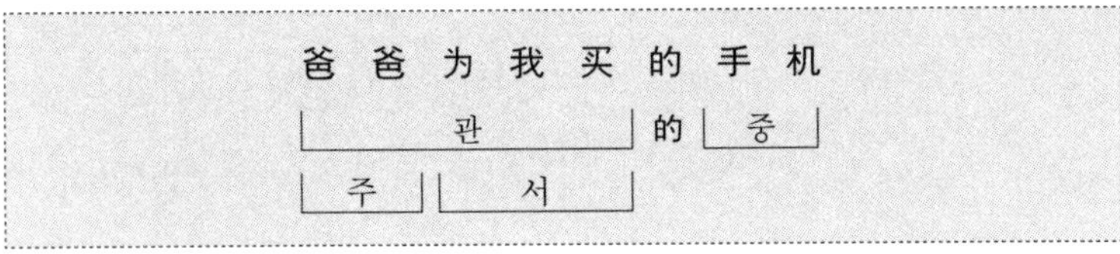

爸爸为我买的手机被人偷走了。
아버지가 나를 위해 산 핸드폰은 다른 사람이 훔쳐갔다.

他读过的书真不少。
그가 읽은 책이 정말 적지 않아.

他是学校特意招聘的物理学专家。
그는 학교가 특별히 초빙한 물리학 전문가이다.

1.4.2. 관형어의 문법의미

관형어는 관형어 자체의 성질에 따라 문장 속에서 두 가지 문법적 의미를 지닌다. 하나는 중심어의 의미를 제한 또는 한정시키는 의미, 다른 하나는 중심어의 의미를 추가적으로 묘사하는 의미이다. 구체적인 용례를 살펴보면 다음과 같다.

一. 한정적 의미

昨天的事儿他都告诉我了。(시간 한정)
어제의 일은 그가 모두 내게 알려주었다.

我把口袋里的钱都给我弟弟了。(장소 한정)
나는 주머니 속의 돈을 모두 나의 동생에게 주었다.

最近我读过三本小说。(수량 한정)
최근 나는 소설 세 권을 읽은 적이 있다.

她的书包是免税进口的。(소유관계 한정)
그녀의 책가방은 면세로 수입된 것이다.

韩国派来的三名留学生正忙着找你。(범위 한정)
한국에서 파견된 유학생 세 명이 마침 너를 찾고 있어.

二. 묘사적 의미

张老师有值得尊敬的人品。(특징)
장 선생님은 존중할 가치가 있는 인품을 가지고 있다.

她是个可爱的小姑娘。(상태)
그녀는 귀여운 아가씨이다.

门口放着装工具的箱子。(용도)
문 입구에 공구를 담는 상자가 놓여 있다.

他是从北京来的汉语老师。(속성)
그는 베이징에서 온 중국어 선생님이다.

1.4.3. 구조조사 "的"의 사용여부

현대 중국어에서 "관형어 + 중심어" 구조를 형성할 때 구조조사 "的"가 쓰이는 경우도 있고 쓰이지 않는 경우도 있다. "的"의 사용 유무에 관해서는 명확한 규정을 찾기는 어렵다. 다만 보편적으로 확인할 수 있는 "的"의 사용 여부와 구조는 다음과 같다.

一. “的”를 사용하지 않는 결합구조

① “명사+명사”의 결합구조에서 앞에 쓰인 명사(관형어)가 뒤에 쓰인 명사(중심어)의 속성 또는 성질을 나타내는 결합.

汉语教材	英语词典	木头房子	中国朋友
중국어 교재	영어 사전	나무 집	중국 친구

② “인칭대사+명사”의 결합구조에서 대사인 관형어가 수식하는 뒤의 중심어가 친족이거나 소속된 집단을 가리키는 결합.

我爸爸	你妹妹	我们学校	你们公司
나의 아버지	너의 동생	우리 학교	너희 회사

③ “의문대사+명사”의 결합구조에서 의문대사가 사물이나 숫자를 묻는 결합.

什么人	什么颜色	多少人	多少钱
어떤 사람	어떤 색	몇 사람	얼마의 돈

④ “지시대사+명사”의 결합구조에서 지시대사가 한정적 의미를 나타내는 결합.

这话	这地方	这事儿	那时候
이 말	이 곳	이 일	그 때

⑤ “지시대사 또는 의문대사+(수)량”의 결합구조

这个	那种	这一个	那三本
이거	그 종류	이거	그 세 권

哪个	哪一种
어느 거	어느 종류

⑥ "수량구+명사"의 결합구조

一辆车	三杯咖啡	五听可乐	七种植物
차 한 대	커피 세 잔	콜라 다섯 캔	식물 일곱 종

⑦ "일부 단음절 형용사+명사"의 결합구조

甜桃子	酸桔子	红苹果	新书
단 복숭아	신 귤	빨간 사과	새 책
厚木板	薄被		
두꺼운 목판	얇은 이불		

⑧ "일반명사+방위사"의 결합구조

桌子上	条件下	窗外	屋里
탁자 위	조건 아래	창 밖	집 안

二. "的"를 사용해야 하는 결합구조

① "대사+명사"의 결합구조에서 소유 관계를 나타내는 결합.

我的词典	他的电脑	我们的老师	你们的家属
나의 사전	그의 컴퓨터	우리의 선생님	너희들의 가족

② "동사 또는 동사구+명사"의 결합구조

来过的地方	认识的人
온 적이 있는 곳	알고 있는 사람

去郑州的火车　　要热情接待的客人
정저우에 가는 기차　　친절히 접대해야 하는 손님

③ "중첩된 형용사 또는 비유 형용사+명사"의 결합구조

高高的个子　　大大的眼睛
큰 키　　큰 눈

笔直的性格　　干干净净的房子
곧은 성격　　깨끗한 방

④ "주서구+명사"의 결합구조

我去过的地方
내가 간 적이 있는 곳

人人都喜欢的电视剧
사람들이 모두 좋아하는 드라마

武松打虎的故事
무송이 호랑이를 때려잡는 이야기

1.4.4. 다중 관형어의 어순

현대 중국어에서 관형어(는) 하나만 중심어 앞에 위치할 수 있는 것은 아니다. 두 개 또는 그 이상의 관형어가 중심어를 수식하는 문장을 자주 볼 수 있다. 여러 개의 관형어가 중심어를 수식할 경우 몇 개의 관형어가 수식할 수 있고, 그 순서가 명확하게 고정되어 있다고 얘기하기는 어렵지만, "수정안"의 규칙을 참고하면 대략적인 순서를 알 수

있다.[33)]

(1) 뒤에 "的"를 가진 관형어는 "的"를 가지지 않는 관형어의 앞에 둔다.

这本书的主要内容
이 책의 주요 내용

公园的新亭子
공원의 새 정자

(2) 수량구가 관형어가 될 때 일반적으로 "的"를 가진 관형어의 앞에 두거나, "的"를 가진 관형어 뒤에 둘 수 있다.

一座最高的楼房
하나의 가장 높은 아파트

一万多亩肥沃的土地
일만여 아르의 비옥한 토지

最高的一座楼房
가장 높은 하나의 아파트

(3) 종속적 의미를 가진 관형어는 앞에만 둘 수 있고, 뒤에 둘 수 없다.

中国最长的河流
중국의 가장 긴 하천

33) 인용: 〈中學教學語法系統提要〉《中學教學語法和語法教學》 383~384쪽, 어문출판사, 1999.

(4) 몇 개의 관형어가 모두 "的"를 가지지 않은 경우, 일반적인 순서는 다음과 같다.

"종속적 의미의 관형어+지시대사+수량구+형용사+명사"

三十五中 那 座 新 教学楼
35중학교의 그 새 강의동

我们 这 几项 宏伟 计划
우리의 이 몇 항목의 웅대한 계획

1.5. 부중구[状中短语]

부중구는 "부사어[状语] + 중심어[中心语]" 구조로 구성된 수식구조의 구를 말한다. 이 구조에서 중심어는 일반적으로 동사나 동사구, 형용사나 형용사구가 되지만, 명사서술어문에서는 명사나 명사구도 부중구의 중심어가 되기도 한다.

부사어는 중심어 앞에 놓여 중심어와 연관된 시간, 장소, 범위, 상태, 부정 등을 나타내는 수식어의 하나이다.

1.5.1. 부사어의 형태

一. 부 사

常 常 看 中 国 电 影
부 (常常) | 중 (看中国电影)

她们都喜欢吃葡萄。
그녀들은 모두 포도 먹는 것을 좋아한다.

我们俩常常看中国电影。
우리 둘은 자주 중국 영화를 본다.

王老师已经走了。
왕 선생님은 벌써 떠났어.

这孩子不了解他父母的心情。
이 아이는 부모님의 심정을 이해하지 못한다.

二. 정도나 상태를 대체하는 대사, 원인이나 방식을 묻는 의문대사

那 么 好
부 | 중

他这样做，肯定办不好。
그가 이렇게 하면, 분명히 잘 처리하지 못할 거야.

孩子的成绩那么好，为什么不让他上大学呢?
아이의 성적이 그렇게 좋은데, 왜 그를 대학에 가지 못하게 합니까?

颐和园怎么走?
이화원은 어떻게 갑니까?

三. 동사나 동사구

穿 得 漂 漂 亮 亮 地 来
부 | 地 | 중

孩子吃惊地喊起来。

아이가 놀라서 소리치기 시작했다.

他同情地笑了笑。

그는 동정하듯이 웃었다.

她穿得漂漂亮亮地来了。

그녀는 예쁘게 차려 입고 왔다.

为了考上大学，他有计划地提高了他自己的成绩。

대학 입시에 합격하기 위해 그는 계획적으로 그 자신의 성적을 올렸다.

四. 형용사나 형용사구

很 客 气 地 提 出 意 见

부 | 地 | 중

您慢走。

당신은 천천히 가세요.(살펴 가세요)

你有事儿直接找我。

너는 무슨 일이 있으면 직접 나를 찾아 와.

首都隆重举行了韩中文化比较研讨会。

수도에서는 한중문화비교 세미나를 성대하게 거행하였다.

他很客气地提出意见。

그는 겸손하게 의견을 제시한다.

我们非常愉快地开始工作。

우리는 매우 유쾌하게 일을 시작한다.

五. 개사구

比	我	大	着	两	岁
부		중			

我在台湾学过汉语。

나는 대만에서 중국어를 배운 적이 있다. (배웠다)

老师和我谈了一天。

선생님은 나와 하루 동안 얘기를 나누었다.

你把它拿过来。

너는 그것을 가지고 와라.

他比我大着两岁。

그는 나보다 두 살이나 더 많아.

我的手机被人偷走了。

나의 핸드폰은 다른 사람이 훔쳐갔다. (다른 사람에 의해 훔침을 당했다)

六. 고정구

不	声	不	响	地	学	习	着
부				地	중		着

小王心神不定地走了。

샤오 왕은 안절부절 못하며 갔다.

这孩子不声不响地学习着。

이 아이는 묵묵히 공부하고 있다.

与会者热火朝天地讨论着。

회의 참석자들은 대단한 열의를 가지고 논의하고 있다.

张老师废寝忘食地写着文章。

장 선생님은 침식을 잊고 글을 쓰고 있다.

七. 주서구

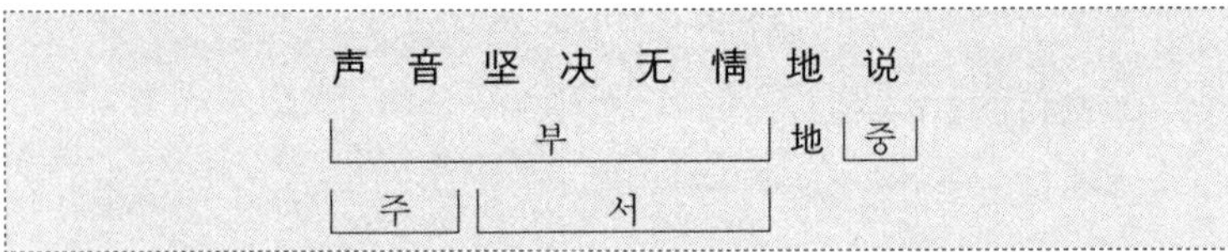

他们手拉手地走进来。

그들을 손에 손을 잡고 들어 왔다.

日子会一天比一天好起来的。

세월은 나날이 좋아질 것이다.

昨天我们夫妻俩面对面地坐着谈话了。

어제 우리부부는 얼굴을 맞대고 앉아 담화를 나누었다.

他声音坚决无情地说了。

그는 목소리가 단호하며 무정하게 말했다.

1.5.2. 부사어의 문법의미

一. 한정적 의미

일반적으로 시간, 장소, 빈도, 범위, 부정, 정도를 나타내는 부사나 비교, 목적, 대상, 근거, 방향 등을 나타내는 개사구는 동작행위에 대한 의미를 한정하는 역할을 한다.

孩子在车上睡觉。(장소: 개사구)
아이는 차에서 잠이 들었다.

我同妹妹上街。(대상: 개사구)
나는 여동생과 거리로 나갔다.

我对这个电视节目没有兴趣。(대상: 개사구)
나는 이 TV프로그램에 흥미가 없어.

他们为了考上大学认真学习。(목적: 개사구)
그들은 대학에 합격하기 위해 진지하게 공부한다.

我不吃早饭了。(부정: 부사)
나는 아침을 먹지 않았다.

他们都是留学生。(범위: 부사)
그들은 모두 유학생이다

洗衣机又坏了。(빈도: 부사)
세탁기가 또 망가졌다.

城市着火，救火车立刻到现场。(시간: 부사)
도시에 불이 나면, 소방차가 즉시 현장에 도착한다.

二. 묘사적 의미

동작행위를 묘사하는 부사어로는 일반적으로 형용사, 형용사구, 동사, 동사구, 상태를 나타내는 부사, 의성사, 고정구 등이 쓰인다.

我们出色地完成了任务。(형용사)
우리는 임무를 뛰어나게 완성하였다.

他们很认真地讨论了这个课题。(형용사구)
우리는 이 문제를 매우 진지하게 토론하였다.

她感动地说："玉龙雪山多么雄伟啊!" (동사)
그녀는 감동하며 말했다："옥룡설산 이 얼마나 웅장한가!"

他满怀信心地向观众演讲。(동사구)
그는 자신만만하게 관중에게 강연하였다.

她躲在房里偷偷地哭。(부사)
그녀는 방 안에 숨어 남몰래 울었다.

五星红旗在广场上哗啦啦地飘扬。(의성사)
오성홍기가 광장에서 프르르 떨며 바람에 휘날렸다.

小王走马看花地调查一遍。(고정구)
샤오 왕은 대충대충 한 차례 조사하였다.

1.5.3. 구조조사 "地"의 사용여부

"부사어 + 중심어" 구조에서는 구조조사 "地"를 부사어와 중심어 사이에 두기도하고 두지 않기도 한다. "地"의 사용여부에 관하여 명확한 규정을 찾기는 어렵지만, 다음과 같은 일반적 구조규율을 찾아 볼 수 있다.

一. "地"가 쓰이지 않는 구조

상술한 부사어의 문법의미 용례에서 알 수 있듯이 부사어가 한정적 의미를 가진 경우에는 일반적으로 "地"를 쓰지 않는다.

① "부사+동사(구) / 형용사(구)" 구조

张老师已经走了。
장 선생님은 벌써 떠났다.

我不吃晚饭了。
나는 저녁을 먹지 않았다.

我就是。
바로 접니다.

这次中日足球赛打得非常痛快。[34)]
이 번 중일 축구경기는 매우 통쾌하여 싸웠다.

我们班同学都喜欢看棒球比赛。
우리 반 학우들은 모두 야구시합을 관전하는 것을 좋아한다.

② "일부 단음절 형용사+동사(구)" 구조

外面很冷，你多穿点儿衣服。
밖에 추워요, 너는 옷을 좀 더 많이 입어라.

少说两句，不行吗?
조금 적게 얘기하면 안 될까?

天黑了，你快回来。
날이 어두워졌어, 너는 빨리 돌아와.

我不送您了，请慢走。
제가 당신을 배웅하지 않겠습니다. 살펴가세요.

③ "일부 대사+동사(구) / 형용사(구)" 구조

정도나 상태를 나타내는 대사와 원인과 방식을 묻는 의문대사는 동사나 형용사 앞에 놓여 부사어가 될 때, "地"를 사용하지

34) 일반적으로 부사가 부사어로서 중심어를 수식할 때 조사 "地"를 사용하지 않지만, 일부 정도를 나타내는 "非常，格外" 등의 정도부사는 정도의 의미를 심화시키며 조사 "地"를 사용하기도 한다.
예) 非常地痛快　格外地高兴

않는다.

我不能这样干。

나는 이렇게 할 수 없어

那样做不行。

그렇게 해서는 안 돼.

哪儿有这么好的人!

어디에 이렇게 좋은 사람이 있을까!

丽江，有那么好看吗?

려강이 그렇게 아름다워요?

两个领导的意见不同，不知我该怎么办才好?

두 상사의 의견이 다른데, 내가 어떻게 해야 좋을지 모르겠어?

你为什么还不来呢?

너 왜 아직도 안 와?

④ "개사구+동사(구) / 형용사(구)" 구조

我在这儿等你，你快去快回来。

나는 여기서 기다릴게, 너는 빨리 갔다 빨리 돌아와.

我比他大着两岁。

나는 그보다 두 살이나 더 많아.

他刚从上海回来。

그는 막 상하이에서 돌아왔어.

你把它扔下。

너는 그것을 버려라.

麻烦你，让我过去。

번거롭겠지만 나를 지나가게 해 주세요.

我只是为了你才那样做的。
나는 단지 너를 위해 그렇게 한 것일 뿐이야.

二. "地"가 쓰이는 구조

부사어의 문법의미에서처럼 묘사적 의미를 갖는 부사어는 "부사어 + 地 + 중심어"의 구조로서 대부분 조사 "地"를 사용한다.

① "이음절 동사+단음절 동사" 구조

爸爸吃惊地问："孩子! 这是你做的?"
아버지가 놀라며 물었다: "아이야! 이것은 네가 한 것이냐?"

他抱歉地说："我只能还你一百快钱。"
그는 미안해 하며 말하였다: "나는 네게 백 위안만을 돌려 줄 수 있어."

② "동사구+동사(구)" 구조

孩子们唱着歌地欢迎外宾。
아이들이 노래를 부르면서 손님을 환영하였다.

她们流着眼泪地倾听着往事。
그녀들은 눈물을 흘리면서 예전의 일을 귀 기울여 들었다.

③ "이음절 형용사 또는 단음절 형용사의 중첩+단음절 동사" 구조

孩子得意地说："我成功了!"
아이가 의기양양해 하며 말하였다: "나 성공했어!"

他激动地问："这是真的吗?"
그는 흥분하며 물었다: "이것이 사실이야?"

妈妈怕吵醒孩子，只好轻轻地走。
엄마는 아이가 깰까 두려워 살살 걸을 수밖에 없었다.

④ “형용사구+동사(구)” 구조

小王不高兴地走了。
샤오 왕은 언짢아하며 갔다.

他非常认真地学汉语。
그는 매우 진지하게 중국어를 공부한다.

⑤ “이음절 형용사의 중첩형+동사(구)” 구조

爸爸下班回来，在床上舒舒服服地躺着。
아버지는 퇴근하여 돌아오셔서, 침대에 매우 편안하게 누워계신다.

他高高兴兴地走出大门。
그는 매우 기뻐하며 대문을 나섰다.

※ “부사어+중심어” 구조에서 때로는 “地”를 써도 되고 쓰지 않아도 되는 구조도 있다. 대표적으로는 “단음절 형용사의 중첩형+이음절 동사(구)” 구조와 “이음절 형용사+이음절 동사(구)”의 구조 등이다.

你们好好儿(地)学习。
너희들 열심히 공부해.

你应该明确(地)表示你的意见。
너는 마땅히 명확하게 너의 의견을 표현해야 한다.

1.5.4. 다중 부사어의 어순

현대 중국어에서 부사어 역시 관형어와 같이 두 개 이상의 부사어가 중심어를 수식할 수 있다. 관형어와 마찬가지로 그 순서를 명확하게 서술하기는 어렵지만 대략적으로 다음과 같은 순서로 배열된다.[35)]

"조건 또는 관여의 대상 + 장소 + 어기 + 범위 + 연속 + 정도 또는 상태"

[在全体职工的共同努力下], 今年我们厂[在生产和其他方面][又][十分出色]地完成了任务。
전체 직공들의 공동의 노력으로, 올해 우리 공장은 생산과 다른 방면에서 또 매우 뛰어나게 임무를 완성하였다.

[关于这件事], 他现在[也许][还][不][十分]清楚。
이 일에 관하여, 그는 현재 아마도 여전히 매우 명백히 이해하지 못했을 것이다.

1.6. 연합구[联合短语]

연합구는 유사한 성질의 단어와 단어, 구와 구 등이 나란히 병렬된 구조의 구를 말한다. 때문에 병렬된 단어나 병렬된 구의 어순을 달리 해도 의미의 변화가 생기지 않는다.

---

35) 참고: 원래 원서에서는 장소 앞에 시간을 언급하고 있지만, 본서에서는 시간사를 부사어로 보지 않고 주어로 보는 관계로 열거하지 않았다. (《現代漢語》 325쪽, 北京師範大學出版社, 1993.)

1.6.1. 형 태

一. 유사한 성질의 단어 병렬

我常坐高铁和飞机。(명사의 병렬)
나는 자주 고속철도와 비행기를 탄다.

猪、牛、羊的皮毛都有它的用处。(명사의 병렬)
돼지, 소, 양의 가죽과 털은 모두 그것의 사용처가 있다.

我们讨论并研究了这个问题。(동사의 병렬)
우리는 이 문제를 토론하고 연구했다.

她们气得又哭又闹。(동사의 병렬)
그녀들은 화가 나서 울기도 하고 소란을 피우기도 했다.

这是一个美丽而富饶的地方。(형용사의 병렬)
이곳은 아름답고 풍요로운 곳이다.

王老师写得整齐美观。(형용사의 병렬)
왕 선생님은 가지런하고 보기 좋게 썼다.

二. 유사한 성질의 구 병렬

他们都有打乒乓球和打羽毛球的爱好。[36] (동사구의 병렬)
그들은 모두 탁구를 치고 배드민턴을 치는 취미가 있다.

为了孩子，她早晨起来，又炒肉又煮面。(동사구의 병렬)
아이를 위해 그녀는 새벽에 일어나 고기도 볶고 면도 삶는다.

---

36) 동사구가 접속사 "和, 跟, 与"로 결합된 구는 서술어로 쓰일 수 없다. "和, 跟, 与"를 이용한 결합구조는 대부분 체언의 성격을 가지기 때문이다.
他们每天打乒乓球打羽毛球。⇏ *他们每天打乒乓球和打羽毛球。
她又炒肉又煮面。⇏ *她炒肉和煮面。

他是一个思维敏捷、精力旺盛的人。(주서구의 병렬)

그는 사유가 민첩하고 원기가 왕성한 사람이다.

1.6.2. 연합구의 표기 방식

一. 형식적 표지가 없는 표기 방식

王老师写得整齐美观。

왕 선생님은 가지런하고 보기 좋게 썼다.

他热情直爽。

그는 친절하고 시원시원하다.

二. 작은 쉼표[顿号] "、"를 이용한 표기 방식

猪、牛、羊的皮毛都有它的用处。

돼지, 소, 양의 가죽과 털은 모두 그것의 사용처가 있다.

我每天在体育馆打球、跑步。

나는 매일 체육관에서 공을 치고 달린다.

三. 접속사 "和, 跟, 与, 并, 而"를 이용한 표기 방식

我常坐高铁和飞机。

나는 자주 고속열차나 비행기를 탄다.

我们讨论并研究了这个问题。

우리는 이 문제를 논의하고 연구했다.

这是一个美丽而富饶的地方。

이 곳은 아름답고 풍요로운 곳이다.

四. 작은 쉼표와 접속사를 함께 쓰는 표기 방식

我家有五口人，爸爸、妈妈、两个妹妹和我。
우리 집에는 다섯 식구가 있다. 아버지, 어머니, 두 여동생 그리고 나.

自行车、摩托车、汽车、火车和飞机都是我们生活中不可缺少的交通工具。
자전거, 오토바이, 자동차, 기차 그리고 비행기는 모두 우리 생활에서 빠질 수 없는 도구이다.

五. 부사 "又…又…" "也…也…"를 이용한 표기 방식[37)]

他们高兴得又唱又跳。
그들은 노래도 부르고 춤도 출 정도로 기뻤다.

这事儿对我也好也不好。
이 일은 나에게 좋기도 하고 나쁘기도 하다.

2. 기능에 의한 구 분류

구를 문장 속에서의 기능에 따라 분류하면 아래와 같다.

2.1. 명사구[名词短语]

명사구는 문장 속에서 명사와 유사한 기능을 하는 구이다.

37) 주로 용언의 성격을 가진 단어나 구를 병렬할 때 쓰인다.

2.1.1. 명사구의 판별

어떤 구가 명사구인가를 판별하기 위해서는 다음과 같이 내부 결합 구조를 알아야 한다.

汉 语 老 师　　중국어를 가르치는 선생님
| 관 | 중 |

看 过 的 电 影　　본적이 있는 영화
| 관 | 的 | 중 |

小 王 的 朋 友　　샤오 왕의 친구
| 관 | 的 | 중 |

从 北 京 来 的 学 生　　베이징에서 온 학생
| 관 | 的 | 중 |

弟 弟、妹 妹 和 我　　남동생, 여동생 그리고 나[38)]
| 연 | 和 | 합 |

즉, 수식구조 중 관중구조[定中结构]에서 명사나 명사적 의미를 전달하는 단어나 구가 중심어가 되는 구이거나, 연합구조[联合结构]에서 각각의 단어가 명사 또는 대사로 병렬된 구를 명사구라 한다.

---

38) 이분법을 이용한 분석에서 세 개 이상의 단어가 병렬되어 연합구조를 형성하는 경우 두 성분으로만 나누어 이분법으로 표기하기 어려운 단점이 있다. 이런 겨우 부득이 하게 병렬된 단어만큼 구분하여 표기한다.

2.1.2. 문장성분

① 주 어

小王的朋友学习汉语。
샤오 왕의 친구는 중국어를 배운다.

我和他都是留学生。
나와 그는 모두 유학생이다.

纸、笔、墨都有了。
지, 필, 묵 모두 있다.

② 목적어

他们种了土豆和香菜。
그들은 감자와 고수를 심었다.

他是从北京来的学生。
그는 베이징에서 온 학생이다.

我买了汉语词典。
나는 중국어 사전을 샀다.

③ 관형어

猪、牛、羊的皮毛都有它的用处。
돼지, 소, 양의 가죽과 털은 모두 그것의 사용처가 있다.

我和他的身体没有那么胖。
나와 그의 몸은 그렇게 뚱뚱하지 않다.

我们学校的校车很新。
우리 학교의 스쿨버스는 새 것이다.

④ 중심어

他买的钱包和书包都是进口的。
그가 산 지갑과 책가방은 모두 수입품이다.

这次招聘的汉语老师会受学生的欢迎。
이번에 초빙한 중국어 선생님은 학생들의 환영을 받을 것이다.

小王借我的新自行车被人偷走了。
샤오 왕이 나에게 빌린 새 자전거는 도둑맞았다.

⑤ 서술어

我北京人。
나(는) 베이징 사람(이다).

今天五月十九日。
오늘(은) 5월 19일(이다)

一斤三十八块五。
한 근(이) 18.5위안(이다)

※ 명사구는 특정한 상황에서 서술어가 되어 명사서술어문을 구성할 수 있다. 중국어 문법에서 명량사가 쓰인 수량구는 명사가 중심어인 명사구는 아니지만, 명량사가 명사적 의미를 전달하는 단어로 보아 명사구로 분류한다.

2.2. 동사구[动词短语]

문장 속에서 동사와 유사한 기능을 하는 구를 동사구라 한다.

2.2.1. 동사구의 판별

동사구의 판별 역시 내부 결합구조를 통해 알 수 있다.

2.2.1.1. 술목구조[述宾结构]: “술어+목적어” 구조

看 一 本 书
술 목

有 很 多 钱
술 목

去 上 海
술 목

会 说 汉 语
술 목

作 准 备
술 목

2.2.1.2. 부중구조[状中结构]: “부사어+중심어” 구조

非 常 喜 欢
부 중

认 真 地 学 习
부 地 중

已 经 走 了
부 중 了

赶 快 跑
부 중

怎 样 学 习
부 중

2.2.1.3. 술보구조[述补结构]: "술어+보어" 구조

吃 完 了
술 보 了

说 得 好
술 得 보

看 明 白
술 보

洗 干 净
술 보

饿 得 要 命
술 得 보

※ 결합구조에서 수식구조 중 부중구조[状中结构]의 중심어가 동사이면 동사구이고, 술목구조 또는 술보구조에서 술어가 동사이면 동사구, 아울러 연합구조에서 병렬된 단어가 동사이면 동사구이다.

讨 论 并 研 究 这个问题。(동사구)
연 并 합

2.2.2. 문장성분

① 주 어

<u>喝酒</u>对身体不好。
술을 마시는 것은 건강에 안 좋다.

<u>打高尔夫球</u>是一项体育活动。
골프를 치는 것은 하나의 체육 활동이다.

<u>说得再好</u>也没用。
더 좋게 얘기해도 소용없어.

② 서술어

孩子们<u>已经睡觉</u>了。
아이들은 벌써 잠이 들었다.

他<u>考虑了很长时间</u>。
그는 오랜 시간을 고려하였다.

我<u>跑得很快</u>。
나는 달리는 게 빠르다.

③ 술어

<u>看完</u>了报纸。
신문을 다 보았다.

<u>说得好</u>汉语。
중국어를 잘 할 수 있다.

<u>听不懂</u>你的话。
너의 말을 알아들을 수 없다.

讨论和研究这个问题。

이 문제를 토론하고 연구했다.

④ 목적어

他的病已经好了，能走路了。

그의 병은 벌써 나아서 걸을 수 있다.

喜欢看电影。

영화 보기를 좋아한다.

我觉得睡得很舒服。

나는 편안하게 잠을 잤다고 느낀다.

我主张选他。

나는 그를 선발하기를 주장한다.

⑤ 보 어

我们高兴得又唱又跳。

우리는 기뻐서 노래도 부르고 춤도 췄다.

他急得出汗了。

그는 급해서 땀이 다 날 정도다.

这孩子恢复得又说又笑。

이 아이는 말도 하고 웃기도 할 정도로 회복되었다.

⑥ 관형어

打猎的人常来这儿。

사냥하는 사람이 자주 이곳에 온다.

搞文法的学者多得很。

문법을 연구하는 학자는 매우 많다.

从上海来的游客都去过免税店。
상하이에서 온 여행객은 모두 면세점에 간 적이 있다.

⑦ 부사어

小王很感动地说。
샤오 왕은 감동하며 말하였다.

他喝了酒，又唱又跳地走路。
그는 술을 마시면, 노래하고 춤추며 길을 걷는다.

⑧ 중심어

总是吃不完。
언제나 다 먹을 수 없다.

在中国学汉语。
중국에서 중국어를 공부한다.

把门关上。
문을 닫아라.

2.3. 형용사구[形容词短语]

형용사구는 문장 속에서 형용사와 유사한 기능을 하는 구이다.

2.3.1. 형용사구의 판별

형용사구의 판별 역시 내부 결합구조를 통해 알 수 있다.

2.3.1.1. 부중구조[状中结构]: “부사어+중심어” 구조

非 常 高 兴
부 중

真 困 难
부 중

很 有 名
부 중

这 么 大
부 중

怎 样 好
부 중

2.3.1.2. 술보구조[述补结构]: “술어+보어” 구조

好 得 很
술 得 보

漂 亮 极 了
술 보 了

忙 得 不 可 开 交
술 得 보

※ 결합구조에서 중심어가 형용사면 형용사구, 술어가 형용사면 형용사구로 분류한다. 아울러 연합구조에서 병렬된 단어가 형용사이면 형용사구가 된다.

老师讲得生动、活泼。

연 합

2.3.2. 문장성분

① 주 어

太谦虚也不好。

너무 겸손한 것도 좋지 않다.

诚实和勤勉带来了现在的职位。

성실함과 근면함이 현재의 직위를 가져왔다.

痛苦、艰难改变了他的人生观。

아픔과 어려움은 그의 인생관을 변화시켰다.

② 서술어

这孩子很聪明。

이 아이는 총명하다.

屋子又亮又暖。

방이 밝고 따뜻하다.

这条路热闹得很。

이 길은 매우 번화하다.

③ 목적어

他是热情直爽。

그는 친절하고 시원시원하다.

这是最好的。

이것이 가장 좋은 것이다.

在这儿我们一定要冷静而沉着。

여기에서 우리는 반드시 냉정하고 침착해야 한다.

④ 보 어

老师讲得简洁、明确。

선생님은 강연하는 게 간결하고 명확하다.

这一组配合得非常好。

이 팀은 협력하는 정도가 매우 좋다.

他干得又快又好。

그는 처리하는 게 빠르고 좋다.

⑤ 관형어

需要坚持沉着而冷静的态度。

침착하고 냉정한 태도를 견지해야 한다.

我国还保留着最先进的技术。

우리나라는 여전히 가장 선진적인 기술을 보유하고 있다.

热情和大方的人才适合接待客人。

친절하고 대범한 사람이 손님을 접대하는데 적합하다.

⑥ 부사어

他很高兴地走了。

그는 기쁘게 떠났다.

这孩子最近十分努力地学习着。

이 아이는 요즘 매우 노력하며 공부하고 있다.

他总是诚恳而坦率地告诉我。

그는 언제나 진실하고 솔직하게 나에게 알린다.

⑦ 중심어

这批货很不好。
이 상품들은 매우 좋지 않다.

他的个子不太高。
그의 키는 그다지 크지 않다.

他比我高得多。
그는 나보다 많이 크다.

小王对我很热情。
샤오 왕은 나에게 친절하다.

3. 상용구[常用短语]

구는 상술한 것처럼 그 기능이나 결합관계에 의해 분류할 수 있다. 그러나 이러한 구중에는 문장 속에서 특수한 기능과 의미를 표현하며 자주 쓰이는 구들이 있다. 본서에서는 이러한 구들을 상용구로 분류하여 그 특성과 역할을 살펴보려 한다.

3.1. 개사구[介宾短语]

앞서 단어의 분류에서 개사를 서술하였지만, 개사 자체가 어떤 의미를 가진 것은 아니다. 개사는 뒤에 명사적 의미나 기능을 지닌 개사목적어와의 결합을 통해 문장 속에서 의미와 기능을 갖는다. 개사구에서 개사목적어는 아래와 같이 일반적으로 "대사, 명사, 명사구, 동사구, 주서구" 등이 그 역할을 담당하고 있다.

你跟我一起去吧! (대사)
너는 나와 함께 가자!

我在北京学过汉语。(명사)
나는 베이징에서 중국어를 배운 적이 있다.

按照学校规定，我们的宿舍晚上12点关门。(명사구)
학교 규칙에 의거하여 우리의 기숙사는 저녁 12시 문을 닫는다.

关于怎样准备高考，老师和我们谈了半天了。(동사구)
어떻게 대학입시를 준비하는가에 관하여, 선생님과 우리는 하루 종일 얘기를 나누었다.

我们公司全体人员都在为工程早日完工而努力工作。(주서구)
우리 회사의 전체 성원은 모두 공정이 조기 완공을 위하여 열심히 일하고 있다.

개사구는 문장 속에서 주로 부사어의 역할을 하지만, 다음과 같은 문장성분이 될 수도 있다.

① 부사어

在 海 峡 两 岸 都 有 亲 人
부 | 중

许多中国人在海峡两岸都有亲人。
수많은 중국인들이 중국대륙과 타이완 해협 양안에 모두 친인척이 있다.

他比我能干。
그는 나보다 능력이 있다.

江水向东流。

강물은 동쪽으로 흐른다.

负责人按照政策办事。

책임자는 정책에 근거하여 일을 처리한다.

敌人被我们消灭了。

적들은 우리에 의해 소멸되었다.

② 관형어[39]

关 于 工 厂 扩 建 的 一 些 设 想

관 的 중

我忘了在北京的同学。

나는 베이징에 있는 학우를 잊었다.

非常感谢您对我们的关怀。

당신의 우리에 대한 배려에 감사를 드립니다.

这是关于工厂扩建的一些设想。

이것은 공장 확장에 관한 일부 구상이다.

③ 목적어[40]

是 为 了 你

술 목

39) 개사구가 관형어가 될 때는 일반적으로 구조조사 "的"와 함께 쓰인다.

40) 술어가 판단동사 "是"인 경우 종종 "목적, 근거, 시간, 장소" 등의 의미를 갖는 개사구가 목적어로 쓰인다.

他这么做，是为了你，也是为了他自己。

그가 이렇게 한 것은 너를 위해서이고, 또한 그 자신을 위해서이다.

这是根据法律。

이것은 법률에 근거한 것이다.

我初次见到他是在一次环境保护研讨会上。

내가 처음 그를 본 것은 한 번의 환경보호 세미나에서이다.

④ 보 어

毕 业 于 清 华 大 学

술 | 보

我的同屋来自广西北部的一个小村。

나의 룸메이트는 광시 북부의 한 작은 촌에서 왔다.

孩子们一到海边，就奔向海滩。

아이들은 해변에 도착하자마자 백사장을 향해 뛰었다.

小王毕业于清华大学。

샤오 왕은 칭화 대학교를 졸업했다.

3.2. "把"자구[把字短语]

"把"자구는 개사구의 하나이지만, 다른 개사구와는 달리 문장 속에서 타동사 또는 타동사구의 앞에 놓여 부사어의 역할만을 담당한다.[41]

41) 개사구 중 부사어 역할만을 하는 것은 이밖에 "被，让，叫" 등의 개사구가 있다.

3.2.1. "把"자구의 구조

① "把"자 구문의 동사는 단독으로 쓰이지 않고, 일반적으로 보어, 목적어, 부사어, 조사 등 다른 성분과 함께 쓰인다.

把门关上。(보어)
문을 닫아라.

我把书放在桌子上。(개사구 보어)
나는 책을 책상 위에 두었다.

警察把他关入监狱。(목적어)
경찰은 그를 감옥에 가두었다.

我把老师的话重复了一遍。(준목적어)
나는 선생님의 말을 한 차례 반복하였다.

我把她向外拉。(부사어)
나는 그녀를 밖으로 당겼다.

他把头抬着。(조사)
그는 머리를 들고 있다.

每天把房间整理整理。(동사 중첩)
매일 방을 정리한다.

② 조동사와 부정부사 "不", "没有" 등 일부 부사는 일반적으로 "把" 앞에 위치한다.

他没把事情办好。
그는 일을 잘 처리하지 못했다.

我就把他赶走了。
나는 바로 그를 내쫓았다.

你应该把事情说清楚。

너는 마땅히 사건을 분명히 얘기해야 한다.

③ 판단이나 존재 등을 나타내는 동사 "**是, 象, 有, 存在**" 등과 조동사는 "把"자 구문에서 동사 술어로 쓰이지 않는다.

④ 심리활동을 나타내는 동사 "**同意, 主张, 要求, 希望**" 등과 일부 인지능력을 표시하는 동사 "**知道, 看见, 听见**" 등도 "把"자 구문에서 동사 술어로 쓰이지 않는다.

3.2.2. "把"자구의 용도

① 문장 속에서 동사 술어의 뒤의 성분이 길거나 복잡한 경우 "把" 자구를 사용할 수 있다.

罗贯中把正史《三国志》改编成小说《三国志通俗演义》。

나관중은 정사인 《三国志》를 소설《三国志通俗演义》로 각색하였다.

老师把每个学生的意见作了归纳。

선생님은 모든 학생의 의견 귀납하였다.

老李出事了，我们只好把出发的时间推迟一个小时。

라오 리가 일이 생겼어, 우리는 출발 시간을 한 시간 늦출 수밖에 없어.

② 동사 술어의 목적어를 강조하기 위해 "把"자구를 사용할 수 있다.

你别到处乱扔垃圾。	⇒	你别把垃圾到处乱扔。
너는 함부로 쓰레기를 버리지 마라.	⇒	너는 쓰레기를 함부로 버리지 마.
他说话说得很清楚。	⇒	他把话说得很清楚。
그는 말하는 게 매우 명확하다.	⇒	그는 말을 매우 명확하게 한다.

③ 개사 "把"와 함께 쓰이는 개사목적어는 이미 대화자 간에 서로 인지하고 있는 확정된 사물이어야 한다.

我把这个消息告诉了妈妈。
나는 이 소식을 어머니에게 알렸다.
昨天我不小心把一本教科书弄丢了。[42)]
어제 나는 부주의 하여 교과서 한 권을 잃어버렸다.

3.3. 수량구[数量短语]

"수사 + 양사"의 결합으로 구성된 수량구는 중국어에서 일반적으로 함께 쓰여 하나의 단어처럼 쓰이는 경우가 많다. 때문에 일부 문법서에서는 수량사[数量词]라 부르기도 한다. 이것은 양사가 수사나 지시대사 "这, 那"와 결합되어야만 문장 속에서 사용되는 기능과 밀접한 관련이 있다. 수량구의 유형과 문장 속에서의 문장성분을 살펴보면 아래와 같다.

3.3.1. 수량구의 유형

① "수사+명량사" 유형: 수사와 사물의 단위를 세는 명량사의 결합 형태

一本词典	两条路	三朵花	五颗珍珠	六张画儿
사전 한 권	길 두 갈래	꽃 세 송이	진주 다섯 립	그림 여섯 장

42) 본래 "一本教科书"는 확정되지 않은 사물이지만, 언어 환경 속에서 서로 인지하고 있는 사물, 즉 교과서가 어떤 책이라는 것을 서로 알고 있다면 개사 "把"의 개사목적어가 될 수 있다.

② "수사+동량사" 유형: 수사와 동작의 횟수를 세는 동량사의 결합 형태

读了一遍 한 차례 읽었다

讨论了两次 두 번 토론하다

去过三回 세 차례 갔었다

响了一阵 한 번 울렸다

调查了一番 한 차례 조사했다

③ "수사+시량사" 유형: 수사와 시간의 양을 나타내는 시량사와의 결합 형태[43)]

等了半天 하루 종일 기다렸다

学了三年 3년 동안 배웠다

住了一个星期 한 주를 머물렀다

坐了两个半小时 두 시간 반을 앉았다

3.3.2. 문장성분

① 주 어

一朵是你的，一朵是她的。
한 송이는 너의 것이고, 한 송이는 그녀의 것이다.

一万就是十个一千。
일 만은 열 개가 천 개다.

43) 시량사는 전문적으로 양사로 쓰이는 단어가 아니라 동사 뒤에서 동작행위가 지속된 시간을 나타내는 단어나 구이다.

② 서술어

今年二十八岁了。
올해 28살이 되었다.

现在发票，每人三张。
지금 표를 발매합니다. 1인당 3장입니다.

③ 목적어

我买了一辆(新车)。[44)]
나는 (새 차를) 한 대 샀다.

他去过一趟。[45)]
그는 한 차례 가본 적이 있다.

我在北京呆了一年。
나는 베이징에서 1년을 머물렀다.

④ 관형어

我买了一本英语书。
나는 한 권의 영어책을 샀다. (영어책 한 권)

---

44) 명량사로 구성된 수량구는 수식하는 사물이 생략된 경우 직접 주어와 목적어가 될 수 있다.

45) 동량사와 시량사로 구성된 수량구는 일부 문법서에서 수량보어로 분류하고 있지만, 本書에서는 고정된 형태로서 중간에 다른 성분이 들어갈 수 없는 보어의 특성과 《現代漢語》(商務印書館, 318쪽, 1993)에서 예시한 자동사와의 결합구조, 형용사와의 결합 구조 등의 특성을 고려하여 목적어로 분류한다.
예) 他咳嗽了三天了。您就辛苦一趟。我已经休息两回了。
《現代漢語》에서는 명량사로 구성된 목적어와 구분하여 "준목적어"로 지칭하고 있다.

路上看到两条分岔路。

길에서 두 갈래 길을 보았다.

一次京剧也没看过。[46)]

한 차례의 경극도 본 적이 없다.

3.4. 연동구[连谓短语]

연동구는 하나의 주어를 서술하기 위해 주로 두 개 이상의 용언이 연이어 쓰인 구문을 말한다. 즉 연동구의 구조관계는 다음과 같다.

동사(구)+동사(구)	中国留学生经常来这儿学韩语 중국유학생은 항상 이곳에 와서 한국어를 배운다.
동사(구)+형용사(구)	认识你们很高兴 너희를 알게 되어 기쁩니다.
형용사(구)+동사(구)[47)]	他急着说:"你别走!" 그는 서두르며 말하였다: "가지마!"

이중 "동사(구) + 동사(구)" 구조의 구문이 많이 쓰이며, 문장 속에서 주로 서술어의 역할을 담당한다.[48)]

연동구나 연합구는 모두 두 개 이상의 단어가 연이어 쓰인 형태이지만, 연합구가 연이어 쓰인 단어의 위치를 서로 바꾸어도 의미상의

46) 동량사로 구성된 수량구는 "~也不／没有V" 형태의 부정구문에서 종종 관형어가 되기도 한다.《實用現代漢語語法》(外语教学與研究出版社, 88쪽, 1986.)

47)《實用現代漢語語法》(外语教学與研究出版社, 442쪽, 1986.)

48) 표현상의 필요에 의해 주어가 될 수도 있다.
예) 我看，到上海去工作也不坏。《新华句典》(国际文化出版公司出版，13쪽，1991.)

변화가 없는데 반하여 연동구는 위치가 바뀐다면 비문이 되거나 의미상의 변화가 생기는 차이가 있다.

我坐过火车和飞机。 ⇒ 我坐过飞机和火车。〈의미의 변화가 없음〉
나는 기차와 비행기를 타본 적 있다. ⇒ 나는 비행기와 기차를 타본 적 있다.

急着说。 ⇒ *说急着。〈비문〉
서두르며 말하다.

回家就忘了。 ⇒ 就忘了回家。〈의미가 변화됨〉
집으로 돌아가자마자 잊었다. ⇒ 집으로 돌아가는 것을 잊었다.

연동구를 표현하는 의미에 따라 분류하면 아래와 같다.

① 동작행위가 발생한 순서를 표현

你的孩子醒了，你进去喂喂他吧。
당신의 아이가 깼어요, 당신은 들어가서 그에게 좀 먹이세요.

他们吃过晚饭散步去了。
그들은 저녁을 먹고 산보하러 갔다.

② 앞의 용언이 뒤의 용언의 방식을 표현

昨天他们坐飞机去重庆了。
어제 그들은 비행기를 타고 총칭에 갔다.

我常常低着头走路。
나는 자주 머리를 숙이고 길을 걷는다.

③ 뒤의 용언이 앞의 용언의 목적을 표현

你得想个办法解决这个问题。

너는 이 문제를 해결하기 위해 방법을 하나 생각해야 한다.

我跟朋友一起去书店买汉语词典。

나는 친구와 함께 중국어 사전을 사기 위해 서점에 간다.

④ 두 개의 용언이 하나는 긍정을 표현하고 하나는 부정을 표현

他们都坐着不动。

그들은 모두 앉아서 움직이지 않는다.

他们俩板着脸不笑，看来他们吵架了。

그들 둘은 무뚝뚝한 얼굴을 하고 웃지 않는다, 보아하니 그들은 말다툼을 한 것 같다.

⑤ 앞의 용언이 동사 "有 / 没有"를 동반한 동사구로서 유무를 표현

他没有资格参加期末考试。

그는 기말시험에 참가할 자격이 없다.

今天有饭吃了。

오늘은 먹을 밥이 있네.

⑥ 용언 중의 하나가 동사 "来 / 去"로서 방향성을 표현

他来帮助我。

그가 와서 나를 도왔다.

我去问问。

내가 가서 물어볼게.

孩子跑进屋子来了。[49]

아이는 방으로 뛰어들어 왔다.

3.5. 겸어구[兼语短语]

겸어구는 연동구의 일종이지만, 일반 연동구와는 구조관계가 다르다. 두 개의 용언이 연이어 쓰인 것은 일반 연동구와 같지만, 앞 용언의 구조가 반드시 술목구조로 구성되어 있어야 하고 이 술목구조의 목적어가 뒤 용언의 주어가 되는 형태이다. 자주 쓰이는 겸어구조의 동사는 다음과 같다.

我请他吃饭。

나는 그에게 밥을 먹자고 요청하였다.

他劝我少喝酒。

그 내가 술을 적게 마시도록 권하였다.

妈妈称赞他勇敢。

어머니는 그가 용감하다고 칭찬하셨다.

他们选他当国会议长。

그들은 그가 국회의장이 되도록 선출하였다.

---

49) 현재 우리나라에서 출판된 대부분의 문법서에서는 이러한 형태의 구문을 술보구조로 서술하고 있다. 앞 장에서 언급하였듯이 술어와 보어의 결합관계는 밀접하여 술어와 보어 사이에 다른 성분을 넣을 수 없는 구조라 보았다. 상기 예문에는 장소를 나타내는 단어 "屋子"가 "来" 앞에 놓임으로 다른 술보구조와는 차이를 보인다. 아울러 연동문은 두 개의 용언이 하나의 주어를 설명하는 구문이다. 즉 두 개의 동작행위가 하나의 구문으로 결합된 형태로 보아야 한다. 이 예문도 "孩子来了。"와 "孩子跑进屋子。"의 결합 형태로 보아도 무방할 것으로 본다.

老师鼓励我学阿拉伯语。

선생님은 내가 아랍어를 배우도록 격려하셨다.

这次发生的事儿启发我沉思。

이번에 발생한 일은 내가 깊이 생각하도록 일깨웠다.

이러한 겸어문은 문장의 분석형태에 있어서 두 가지 방법으로 분석할 수 있다.

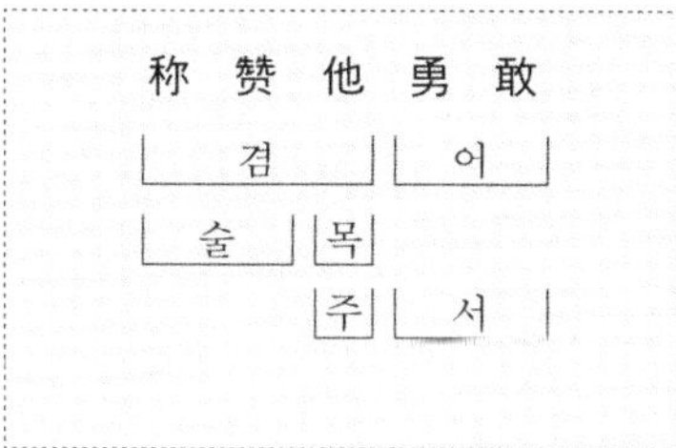

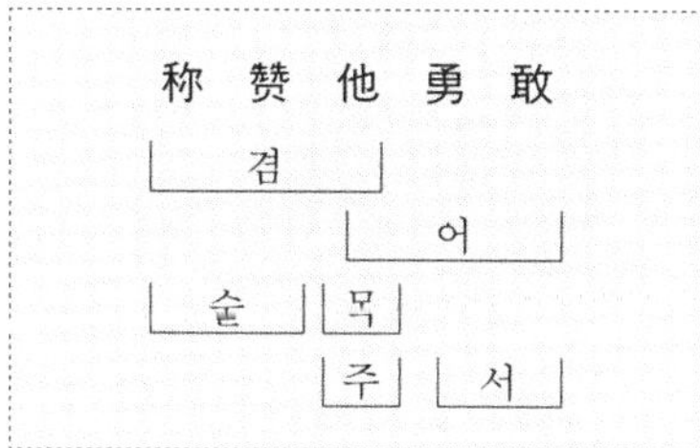

3.6. 고정구[固定短语]

고정구는 두 개 이상의 단어가 결합되어 고정된 의미를 표현하며 문장 속에서 하나의 단어처럼 쓰이는 구를 일컫는다. 문장 분석에서 고정구는 더 이상 분석하지 않는다. 고정구는 가지고 있는 의미에 따라 독립된 문장으로 쓰이기도 하지만 주로 문장 속에서 서술어나 관형어, 부사어, 목적어, 보어 등 다양한 문장성분이 된다.

고정구는 형태와 의미에 따라 아래와 같이 분류할 수 있다.

① 사자성어[四字成语]

원래 성어(成語)는 두 개 이상의 단어가 모여 새로운 의미를 형성한 구로서 옛날부터 지금에 이르기까지 습관적으로 쓰이고 있는 고정된 표현이다. 그 의미는 일반적으로 간결하고 정련된 의미를 전달하지만, 교훈적 의미나 비유 또는 풍자적 의미 등을 내포하기도 한다. 중국어에서는 전통적으로 이러한 성어를 4개의 음절 즉, 4개의 한자를 주로 이용하여 표현하고 있는데, 이것을 사자성어라 한다.

从善如流才能做领导。〈주어〉
다른 사람의 말(충고)을 잘 들어야 지도자가 될 수 있다.

这家饭馆每天门庭若市。〈서술어〉
이 식당은 매일 문전성시를 이룬다.

做事一定要有计划，不然你会狼狈不堪。〈목적어〉
어떤 일을 할 때에는 반드시 계획이 있어야지 그렇지 않으면 너는 낭패를 볼 수 있다.

跟他解释是对牛弹琴。〈목적어〉
그에게 설명하는 것은 쇠귀에 경 읽기이다.

他累得汗流浃背，但是还在训练。〈보어〉
그는 **등이 흠뻑 젖을 정도**로 피곤하지만 여전이 훈련을 하고 있다.

这些天真烂漫的孩子真可爱。〈관형어〉
이 **천진난만**한 아이들은 정말 귀엽다.

他愁眉苦脸地回到教室。〈부사어〉
그는 **수심이 가득한 얼굴**로 교실에 돌아 왔다.

我正举棋不定呢，你帮我想一想吧。〈중심어〉
내가 마침 **결정을 내리지 못하고** 있어요, 당신이 나를 도와 생각 좀 해 주세요.

② 관용어[惯用语]

관용어는 대화체에서 많이 쓰이는 습관화된 고정구를 말한다. 한자가 가지고 있는 본래의 직접적인 의미보다는 조합된 후의 비유적 의미를 표현할 때 주로 쓰인다.

관용어의 구조는 대부분 세 개의 한자로 구성되어 있으며 주로 술목구조나 수식구조의 결합관계를 가지고 있다.

在高速公路开车，开小差会很危险。〈주어〉
고속도로에서 차를 몰 때 **한 눈을 파는 것**은 위험할 수 있다.

刚到韩国，还不了解韩国文化，我出了不少洋相。〈서술어〉[50)]
막 한국에 도착하여 아직 한국의 문화를 몰라 나는 적지 않은 **추한 꼴을 보였다**.

我喜欢吃皇粮，薪水虽少，可是比较稳定。〈목적어〉
나는 나라의 녹을 먹는 **공무원**을 좋아한다. 급여는 비록 적지만, 비교적 안정적이다.

女性在工作上完全配得上半边天的称号。〈관형어〉
여성은 일하는데 있어서 **하늘의 반쪽**이라는 칭호를 듣기에 손색이 없다.

上学时她是班里的丑小鸭，现在竟然成了一个有名的歌手。〈중심어〉
학교에 다닐 때 그녀는 우리 반의 **미운 오리 새끼**였는데, 지금은 뜻밖에도 유명한 가수가 되었다.

③ 속담[谚语 / 俗话]

속담은 사회에서 통속적으로 쓰이는 문구로서 사람들의 삶 속에 나타나는 문화적인 요소를 간직하고 있는 구문이다. 중국어에서 속담의 구조는 길고 짧음이 고정화되어 있지 않아 하나의 독립된 문장으로 많이 쓰이지만, 때로는 한 문장을 구성하는 문장성분이 되기도 한다.

---

50) 술목구조의 관용어는 때로 술어와 목적어 사이에 다른 성분이 나타날 수 있다.

"情人眼里出西施"嘛，他觉得他的女朋友最漂亮。〈단문〉
제 눈에 안경이잖아, 그는 그의 애인이 가장 아름답다고 생각해.

"前怕狼，后怕虎"是做不成事的。〈주어〉
구더기 무서워 장 못 담근다는 것은 일을 성사시킬 수 없다는 것이야.

他不到黄河心不死，不管家人怎么劝，一定要报考北大。〈서술어〉
그는 **한 번 결심한 일는 끝까지 해내고 마는 고집불통**이야, 가족들이 뭐라 권고하던, 반드시 베이징 대학에 응시하려 해.

他是个"有奶便是娘"的人，只要对他有利，就什么都不顾了。〈관형어〉
그는 **간에 붙었다 쓸개에 붙었다**하는 사람이야. 그에게 유리하기만 하면 어떤 것도 돌아보지 않아.

你这个人就是"半壶水，哗哗响"，懂一点儿就到处炫耀。〈목적어〉
네가 바로 **빈 수레가 요란하다**고, 조금 알기만 하면 도처에 뽐내고 다녀.

④ 헐후어[歇后语]

헐후어는 민간에서 유행하던 해학적인 짧은 표현으로 중국적 특색이 남아 있는 속담의 한 유형이다. 일반 속담과 다른 것은 구성에 있어서 앞뒤의 두 개의 고정된 구문으로 구성되어 뒤에 있는 구문은 생략하여 표현하는 것이다. 앞의 구문은 일반적으로 어떤 형상을 표현하거나 비유적 표현이 담겨있고, 뒤의 구문은 앞 구문에 대한 해석을 표현하고 있다.

矮子爬楼梯 – 步步登高
키 작은 사람이 사다리를 타고 오르다 – 한 발 한 발 높이 오르다. 즉, 관직이 오르거나 생활이 갈수록 나아짐을 비유.

예) 你别小看他，短短几年工夫，他可是矮子爬楼梯 – 步步登高了〈목적어〉
너는 그를 경시하지 마, 짧은 몇 년의 시간에 그는 정말 한 발 한 발 올라 높은 자리에 올랐어.

大风地里吃炒面 – 有口难开

바람이 많이 부는 곳에서 볶음 면을 먹다 – 입을 열기가 어렵다. 즉, 어떤 말이나 일에 대해서 말을 하기 어려운 상황이라 참을 수밖에 없음을 비유.

예) 小王在陌生人面前很害羞，而且又在这么多人面前，更是大风地里吃炒面 – 有口难开。〈중심어〉

왕군은 모르는 사람 앞에서 부끄러움을 타는데 이렇게 많은 사람의 면전에서는 더욱 입을 열기 힘들어.

猪八戒照镜子 – 里外不是人

저팔계가 거울을 보다 – 안밖으로 사람이 아니다. 즉, 난처한 입장에 처해짐을 비유.

예) 他呢，他的媳妇和他妈妈之间，竟然是猪八戒照镜子 – 里外不是人了。〈목적어〉

그는 그의 아내와 어머님 사이에 뜻밖에 이러지도 저러지도 못하는 난처한 입장에 처했다.

小葱拌豆腐 – 一青二白。

푸른 색의 실파에 흰 두부를 버무리다 – 청색과 흰색이 명확히 구분되다. 깨끗하여 오점이 없음을 비유.

예) 你还不相信我？我在这儿混了几年，素来小葱拌豆腐 – 一青二白。”〈중심어〉

너는 나를 믿지 못하는 거야? 내가 이곳에서 몇 년을 살았어도 줄곧 깨끗하여 오점이 없었어.

⑤ 古 문헌상의 문구[51]

51) 의미나 문장 자체가 가지고 있는 성격으로 보아서는 성어에 포함되어야 하지만 문장 구성의 길고 짧음이 고정되지 않아 앞에 분류한 사자성어와 구분하여 따로 분류하였다.

고 문헌상의 문구는 언어학 적으로는 고대 중국어에 속하지만 현대 중국어에서도 사극이나 특정한 표현을 간결하고 정련되게 표현하기 위해 자주 쓰인다. 문장 분석에 있어서 현대 중국어처럼 단어까지 분석할 수는 없다. 하나의 고정된 구문으로 보아야 한다.

就学习而言，我们常说"**知之者不如好之者，好之者不如乐之者。**"[52)]确实比不过以求学为快乐的人。〈목적어〉

학습에 대하여 말할 때, 우리는 "그것을 아는 것은 그 것을 좋아하는 것만 못하고, 그것을 좋아하는 것은 그것을 즐기는 것만 못하다."라고 자주 얘기하잖아. 확실히 배움을 추구하는 것을 즐거움으로 여기는 사람은 당할 수가 없어.

"**前事之不忘　後事之师**"嘛，[53)]你要是不忘今天的辛苦，这事儿将来对你会有好处的。〈문장〉

지난 일을 잊지 않는 것은 뒷일의 스승이 되잖아, 네가 오늘의 고생을 잊지 않으면 이 일이 장래에 너에게 도움이 될 거야.

有一句"**福生于清俭**"的说法。[54)]你今天赚了一些钱，就这么乱花，怎么办！〈관형어〉

복은 검소함에서 생긴다는 말이 있어. 너는 오늘 약간의 돈을 벌었다고, 이렇게 막 쓰면 어떡해!

你离开这儿已过一年多了，真想你，**但愿人长久，千里共婵娟。**[55)]〈문장〉

네가 이곳을 떠난 지 벌써 1년여의 시간이 지났어. 정말 보고 싶어. 네가 오랫동안 있어 함께 아름다운 달을 바라볼 수 있기를 바라.

---

52) 《论语 · 雍也》

53) 《史记 · 秦始皇本纪第六》

54) 福生于清儉 德生于卑退. (복은 검소함에서 생기고, 덕은 자신을 낮추어 물러나는데서 생긴다.) 《明心寶鑑》

55) 宋 · 苏轼《水调歌头》

Ⅳ. 문장의 단계별 구조형식

문장을 구조에 의해 분류하면 단문과 복문으로 나누어 볼 수 있다. 단문이 문장성분에 의한 결합관계에 의해 형성된다면, 복문은 이러한 단문이 두 개 이상 연이어 쓰여 논리관계에 의해 형성된다. 복문의 단문과 단문 사이에는 문장성분의 구성에 있어서 어떠한 결합관계도 형성되지 않는다. 복문의 예를 들면 다음과 같다.

月亮还没上来，天很黑。〈병렬 관계〉
달은 아직 떠오르지 않았고, 하늘은 어둡다.

歌声不仅感染了观众，也感染了我自己。〈점진 관계〉
노래 소리는 관중들을 물들였고, 또한 나 자신을 물들였다.

因为风太大，所以比赛改期了。〈인과 관계〉
바람이 매우 강하게 불었기 때문에 시합은 일정이 변경되었다.

最近天气不是阴天，就是下雨，再不然就是刮风。〈선택 관계〉
최근에 날씨는 흐리지 않으면 비가 오고, 그렇지 않으면 바람이 불었다.

要是你不去，那我也不去。〈가정 관계〉
만약 네가 가지 않으면 나도 가지 않겠다.

只有努力学习，才有进步。〈조건 관계〉
열심히 공부해야만 비로소 발전할 수 있다.

복문은 접속사나 의미상 연결 관계를 형성하는 단어와 함께 쓰일 수도 있고, 서면어에서는 단문과 단문 사이에 쉼표[逗号]를 표기하여 쓰이기도 한다.

복문은 단문과 단문의 논리 관계를 이용한 문장이기 때문에 단문의 구조를 이해한다면 문장의 구조와 의미를 비교적 쉽게 이해할 수 있다. 본서에서 서술하고 있는 문장성분에 대한 분석은 이러한 단문에 국한되어 적용되는 것이다.

1. 비주서문[非主谓句]

비주서문은 "주어 + 서술어" 구조로 형성된 구가 아닌 다른 결합구조의 구나 단어가 일정한 언어 환경에서 완전한 의미를 전달하는 문장으로 쓰인 문장을 말한다. 비주서문은 일반적으로 자연현상, 명령, 금지, 감탄, 응답 등을 표현할 때 쓰이며, 갑작스러운 사물의 출현, 일이 발생한 시간, 장소 등을 표현할 때도 쓰인다. 비주서문의 구성요소에 근거하여 분류하면 아래와 같다.

1.1. 동사성 비주서문

동사성 비주서문은 동사나 동사구로 구성된 문장이다.

走吧。	가자.
起立!	차렷!
下雪了。	눈이 내려.
请勿吸烟。	담배를 피우지 마시오.
(你们都同意吧?)	同意。(여러분 모두 동의하시죠?) 동의.

1.2. 형용사성 비주서문

형용사성 비주서문은 형용사나 형용사구로 구성된 문장이다.

好了! (好了!) 됐어! (됐어!)

太棒了! 정말 대단해!

好累啊! 정말 피곤해!

多好的景色呀! 얼마나 좋은 경치인가!

1.3. 명사성 비주서문

명사성 비주서문은 명사나 명사구로 구성된 문장이다.

(你是哪儿人?) 北京人。 (너는 어디 사람이야!) 베이징 사람.

(谁是你们班的班长?) 他。 (누가 너희 반의 반장이냐?) 저 얘.

(你去哪儿?) 首都机场。 (너는 어디가?) 수도공항.

好漂亮的杜鹃花! 정말 아름다운 진달래 꽃!

(向人介绍时) 王院长, 李大夫, 韩护士。

(다른 사람에게 소개할 때) 왕 원장, 닥터 이. 한 간호사.

2. 주서문[主谓句]

주서문은 "주어+서술어" 구조로 구성된 문장으로서 보편적이며 가장 기본적인 문장의 형태이다. 주서문을 서술어 형태에 따라 분류하여 단계별로 분석하면 아래와 같다.

2.1. 동사 서술어문

동사 서술어문은 동사나 동사구가 서술어가 되는 문장이다.

① 1단계 형식

주어와 서술어가 각각 하나의 단어로 구성된 형식이다.

그는 갔어.
他 走 了。
주 서 了

국기가 흩날리다.
国 旗 飘。
주 서

나는 알아.
我 知 道。
주 서

② 2단계 형식

동사 서술어문의 2단계 형식은 1단계 형식의 주어와 서술어를 구성하는 단어에 하나의 수식어가 결합되거나, 술어와 결합하는 목적어나 보어가 하나의 단어로 구성된 형식이다.

그가 막 떠났다.

他 刚 走 了。

|주|　서　|了

　|부|중|

영어시험은 다 마쳤다.

英 语 考 试 考 完 了。

|　주　|　서　|了

|관|중|술|보|

샤오 왕의 장사는 파산하였다.

小 王 的 买 卖 破 产 了。

|　주　|　서　|了

|관|的|중|

그는 선생님이다.

他 是 老 师。

|주|　서　|

　|술|목|

나는 사전을 산다.

我 买 词 典。

|주|　서　|

　|술|목|

③ 3단계 형식

동사 서술어문의 3단계 형식은 단어로 구성된 "주어와 서술어" 구조에서 서술어가 "술어 + 목적어"로 구성되고, 각 문장성분에 다른 하나 또는 두 개의 문장성분이 결합된 형식이다.

그들은 모두 베이징에 간 적이 있다.

他 们 都 去 过 北 京。

주 | 서

부 | 중

술 过 목

나는 중국어를 알아들을 수 있다.

我 听 得 懂 汉 语。

주 | 서

술 | 목

술 得 보

나는 그에게 세 차례 통보했다.

我 通 知 了 他 三 次。

주 | 서

술 | 목[57]

술 了 목 관 중

그녀는 상점에 가서 옷을 산다.

她 去 商 店 买 衣 服。

주 | 서

연 | 동

술 목 술 목

우리의 변호사는 중국어를 말할 수 있다.

我 们 的 律 师 会 说 汉 语。

주 | 서

관 的 중 | 술 목

술 목

---

56) 이중 목적어를 가지고 있는 이 용례는 2단계에 있는 목적어는 준목적어, 3단계에 있는 목적어는 진목적어를 말한다. 표기의 편의상 "목"이라고 표기하였다.

내가 만난 사람은 모두 좋은 사람이다.

我 遇 见 的 都 是 好 人。

주 | 서

주 | 서 | 的 | 부 | 중

술 | 목

④ 4단계 형식

동사 서술어문의 4단계 형식은 하나의 단어로 된 "주어 + 술어 + 목적어" 또는 "주어 + 술어 + 보어"의 결합구조에 각 성분에 따라 두 개 이상의 다른 성분이 결합된 형식이다.

그들은 일하는 게 빠르기도 하고 잘하기도 한다.

他 们 干 得 又 快 又 好。

주 | 서

술 | 得 | 보

연 | 합

부 | 중 | 부 | 중

수저우에서 발생한 사기 안건 하나가 나로 하여금 번거롭게 한다.

一 件 苏 州 发 生 的 诈 骗 案 子 让 我 烦 死 了。

주 | 서 | 了

관 | 중 | 부 | 중

관 | 중 | 관 | 的 | 중 | 개 | 목 | 술 | 보

주 | 서 | 관 | 중

나는 친구와 함께 여행을 간다.

我 跟 朋 友 一 起 去 旅 行。[57]

주 | 서

부 | 중

개 | 목 | 부 | 중

술 | 목

부산은 한 번도 이렇게 추운 적이 없다.

釜 山 从 来 没 有 这 么 冷 过。

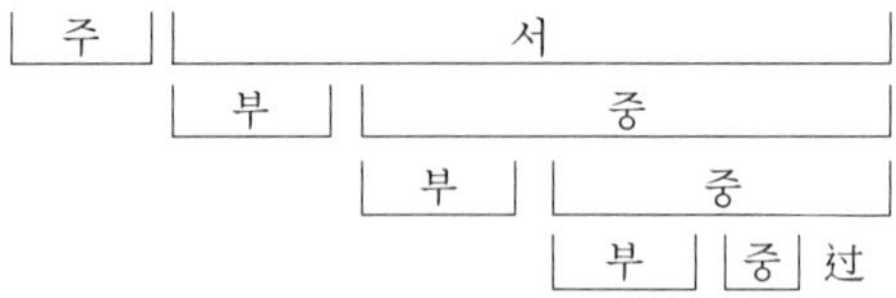

탁자위에는 책 한 권이 있다.

桌 子 上 有 一 本 书。

이론을 학습하는 것은 반드시 실제를 연계해야 한다.

学 习 理 论 一 定 要 联 系 实 际。

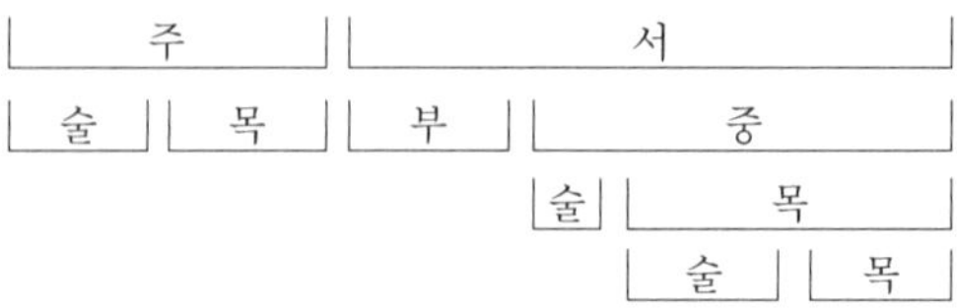

베이징에서 온 학생이 신나게 뛰어 들어오다.

从 北 京 来 的 学 生 兴 冲 冲 的 跑 进 来。

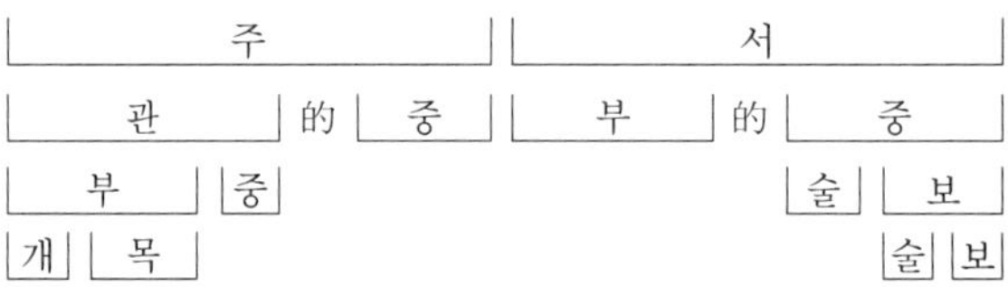

57) 개사는 본래 문장성분이 되지 않는 단어이지만, 개사구를 형성했을 때 개사구의 목적어는 하나의 단어가 쓰일 수도 있고 두 개 이상의 단어가 결합된 형태일 수도 있기 때문에 본서에서는 분석의 대상으로 삼았다. 편의상 개사목적어를 "목"이라 축약하여 표기하였다. 술어와 연관된 목적어와 구분하기 위해서 앞에 위치한 개사의 축약어 "개"를 표기한다.

그는 중국어를 배우는데 배우는 게 잘하지는 못한다.

他 学 汉 语 学 得 不 好。

주 서

연 동

술 목 술 得 보

부 중

⑤ 5단계 이상의 형식

동사 서술어문의 5단계 문장형식은 하나의 단어로 된 "주어 + 술어 + 목적어" 또는 "주어 + 술어 + 보어", "주어 + 술어 + 보어 + 목적어"의 결합구조에 세 개 이상의 다른 문장성분이 결합된 형식이다.

그들은 모두 여기에서 중국어를 배우지 않았다.

他 们 都 不 在 这 儿 学 汉 语。

주 서

부 중

부 중

부 중

개 목 술 목

한 아이가 길에서 뱀 한 마리를 보았다.

一 个 孩 子 在 路 上 看 见 一 条 蛇。

주 서

관 중 부 중

관 중 개 목 술 목

관 중 술 보 관 중

관 중

그의 그 새 문법책은 베이징에서 사 온 것이다.

他 那 本 新 语 法 书 是 从 北 京 买 来 的。

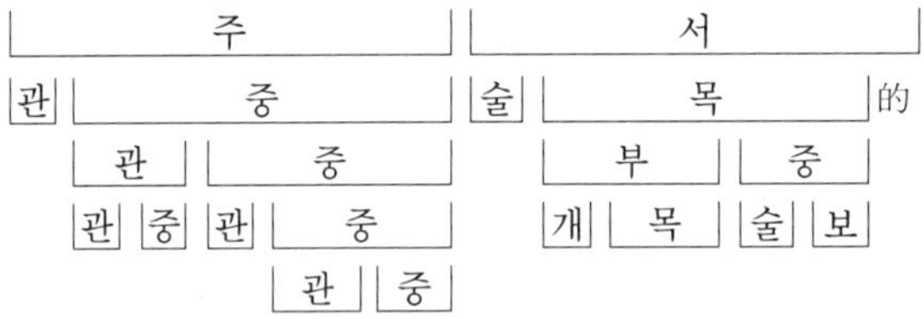

나는 그가 한국 드라마 보는 것을 매우 좋아한다는 것을 안다.

我 知 道 他 非 常 喜 欢 看 韩 剧。

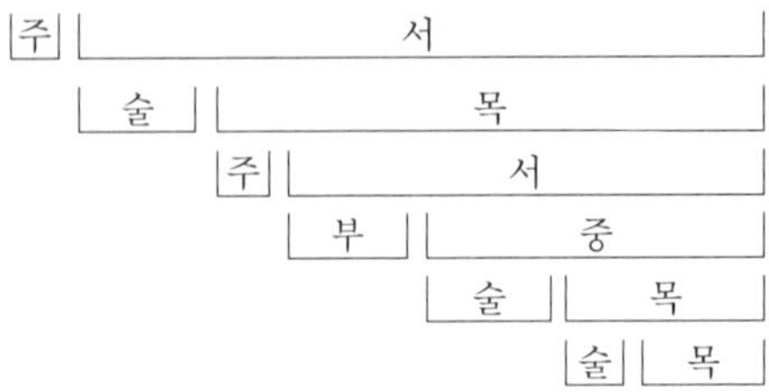

이 명사는 곧 계속해서 우리나라에서 사용되어져 왔다.

这 个 名 词 便 一 直 在 我 国 沿 用 下 来。

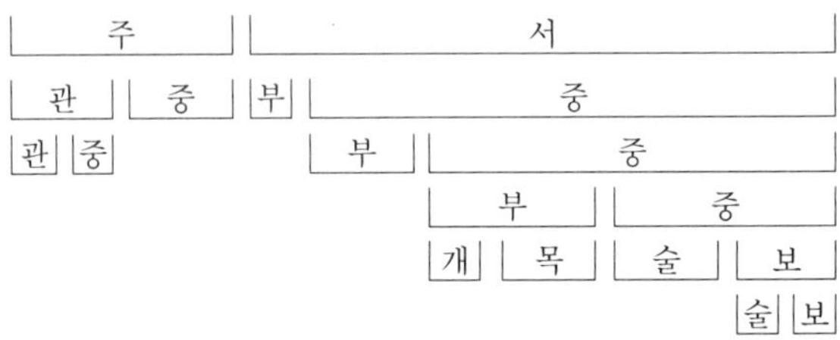

※ 5단계 이상의 문장 형식은 다중 수식성분의 결합과 밀접한 관련이 있다. 특히 다중수식성분인 부사어와 중심어의 결합관계를 분석할 때에는 두 가지 분석방법을 사용하여 분석한다. 하나는 동사구를 중심어로 보고 분석하는 방법과 또 다른 하나는 동사만을 중심어로 보고 분석하는 방법이다. 예를 들면 아래와 같다.

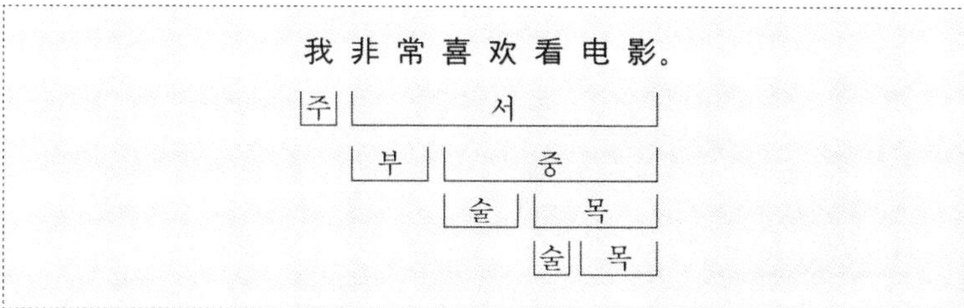

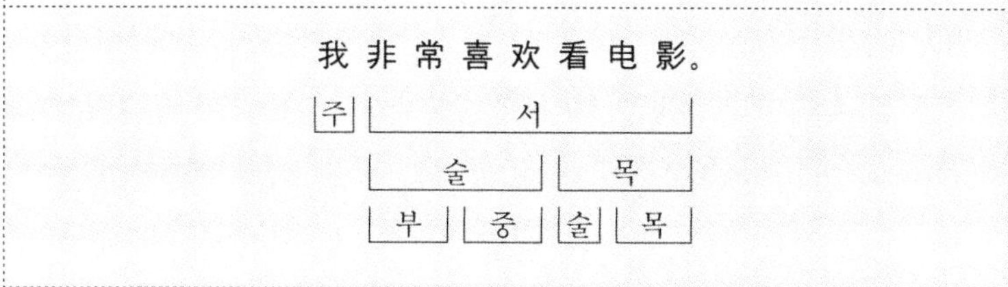

위의 예문은 하나의 부사가 부사어가 되었을 때의 용례를 분석한 것이다. 표 위의 분석은 부사가 동사구를 수식하는 부사어로 분석한 것이고, 표 아래의 분석은 부사가 동사만을 수식하는 부사어로 분석한 것이다. 이러한 분석의 관건은 과연 부사가 지향하는 의미가 동사에만 국한 되냐는 것이다. 주어 "我"는 영화 보는 것을 매우 좋아하는 것이지, 다른 행위를 매우 좋아는 것은 아니라고 본다. 만약 인지적 관점에서 "喜欢"의 목적어에 해당하는 행위가 "看报纸(신문을 보다)"로 대체 된다면 부사 "非常"이 사용되지 않았을 것이다. 즉 여기서 부사는 술목관계인 동사구의 의미를 심화하는 역할을 하고 있다.

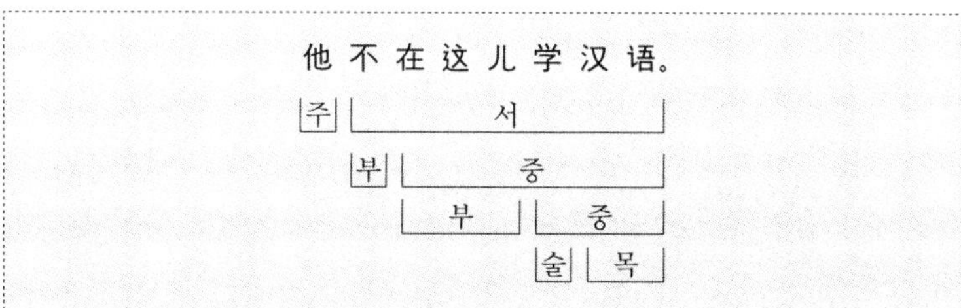

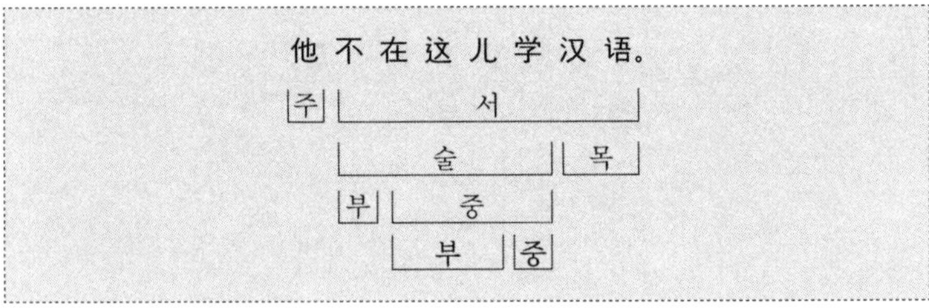

위의 예문은 하나의 부사와 개사구가 부사어가 되는 용례를 분석한 것이다. 표 위의 분석은 두 개의 부사어가 동사구를 수식하는 것이고, 표 아래의 분석은 동사만을 수식하는 것으로 분석한 용례이다. 일반적으로 부정부사 "不"는 바로 뒤에 위치한 성분을 부정하고 있다고 보고 있다. 위 예문에서 "不"의 뒤에 위치한 성분은 개사구 "在这儿"이다. 의미적으로는 "여기가 아니다"라는 장소를 부정할 수 있겠지만, 구조적으로는 부사가 개사구를 수식할 수는 없다. 때문에 위 예문에서 부정부사 "不"는 개사구를 포함한 동사구를 수식하는 것으로 분석할 수밖에 없다. 또한 앞에서 서술한 바와 같이 또 하나의 부사어인 개사구 "在这儿"의 의미지향은 술목관계의 구 앞에 위치한다면 목적어를 포함한 술목관계의 동사구 전체에 있다고 할 수 있다.

상술한 부사어의 의미지향과 구조관계를 근거로 본서에서는 다중 부사어의 경우 하나의 부사어가 뒤 전체의 성분에 해당하는 동사구를 수식하는 것으로 분석하였다. 아울러 교육적 관점에서 초·중급의 중국어 학습자는 복잡한 서술어로 구성된 문장, 즉 다중 부사어로 구성된 문장에서 쉽게 술어를 찾지 못하고 있는 것으로 보인다. 만약 분석과정에서 다중 부사어를 하나씩 하나씩 분리할 수 있다면 술어를 찾는데 도움이 될 것이라는 판단에 동사구를 중심어로 하여 분석을 하였다.

2.2. 형용사 서술어문

형용사 서술어문은 형용사나 형용사구가 서술어가 되는 문장이다.

① 1단계 형식

형용사 서술어문의 1단계 형식은 하나의 단어가 주어와 서술어를 구성하는 문장이다.

형용사 서술어문의 1단계 형식은 형용사의 서술어 기능과 밀접한 관련이 있다. 형용사는 단독으로 서술어가 되지 못하고 대조적 의미 관계를 형성하는 복문에서 주로 쓰인다. 만약 문장에서 단독으로 쓰인다면 대조적 의미를 내포하고 있다고 보아야 한다. 즉 "昨天冷。"이라고 표현하였다면 "어제는 추웠는데, 오늘은 다르다" 등의 의미를 가지고 있는 것이다.

어제는 춥고, 오늘은 덥다.

昨 天 冷， 今 天 热。

| 주 | 서 | 주 | 서 |

그는 얌전하고, 그녀는 유순하지 않다.

他 文 静， 她 调 皮。

| 주 | 서 | 주 | 서 |

북방은 건조하고, 남방은 습하다.

北 方 干 燥， 南 方 潮 湿。

| 주 | 서 | 주 | 서 |

② 2단계 형식

형용사 서술어문의 2단계 형식은 하나의 단어로 된 "주어 + 서술어" 문장에 성분별로 다른 하나의 단어가 결합된 형식이다.

그는 용감하다.
他 很 勇 敢。
주 | 서
부 | 중

나의 동생은 잘 생겼다.
我 弟 弟 很 帅。
주 | 서
관 | 중 | 부 | 중

어머니의 사랑은 위대하고 영원하다.
母 爱 伟 大 而 永 恒。
주 | 서
연 | 而 | 합

그녀의 노래는 매우 듣기 좋다.
她 的 歌 声 非 常 好 听。
주 | 서
관 | 的 | 중 | 부 | 중

네가 이해한다면 됐어.
你 明 白 就 好 了。
주 | 서
주 | 서 | 부 | 중 | 了

③ 3단계 형식

형용사 서술어문의 3단계 형식은 하나의 단어로 된 "주어 + 서술어" 문장에 성분에 따라 두 개의 단어가 문장성분이 되어 결합된 형식이다.

그녀의 새 옷은 지극히 아름답다.

她 的 新 衣 服 漂 亮 极 了。

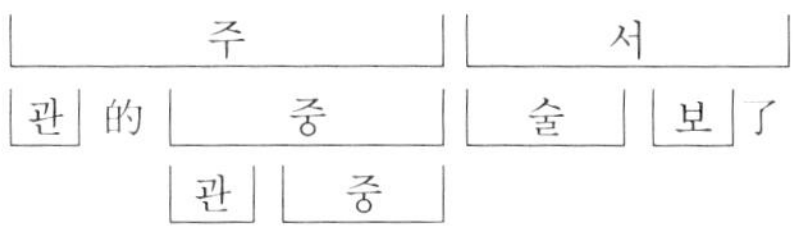

그녀의 안색이 그다지 좋지 않다.

她 的 脸 色 不 太 好。

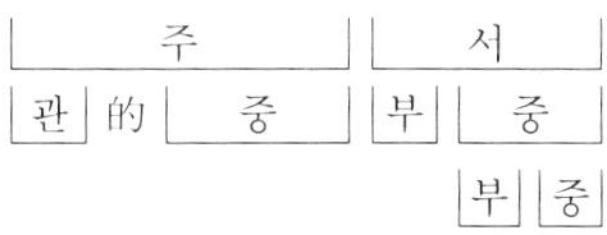

그의 책임은 그렇게 무겁지 않다.

他 的 担 子 没 那 么 重。

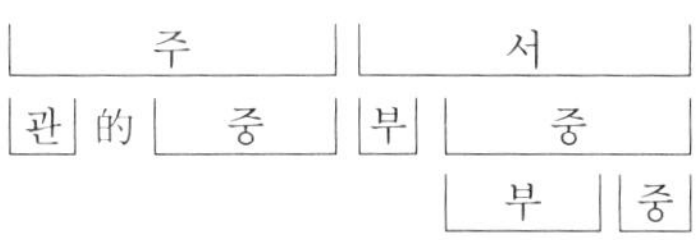

나의 키는 그보다 조금 크다.

我 的 个 子 比 他 高 一 点。

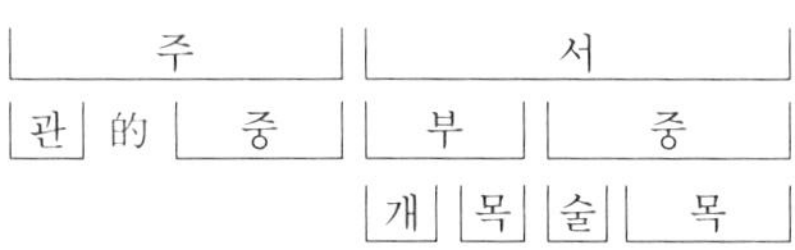

④ 4단계 형식

형용사 서술어문의 4단계 형식은 하나의 단어로 된 "주어 + 서술어" 문장에 성분별로 세 개의 단어가 문장성분이 되어 결합된 형식이다.

나는 기뻐서 펄쩍 뛰었다.

我 高 兴 得 跳 起 来。

주 | 서

술 | 得 | 보

술 | 보

술 | 보

어제 우리가 본 영화는 재미있다.

昨 天 我 们 看 过 的 电 影 很 有 意 思。

주 | 서

관 | 的 | 중 | 부 | 중

주 | 서

주 | 서 | 过

교사는 반드시 마음이 깨끗하고 의지가 고상해야 한다.

教 师 必 须 心 地 纯 洁、志 趣 高 尚。

주 | 서

부 | 중

연 | 합

주 | 서 | 주 | 서

⑤ 5단계 이상의 형식

형용사 서술어문의 5단계 이상의 형식은 하나의 단어로 된 "주어 + 서술어"문장에 성분별로 네 개 이상의 단어가 문장성분이 되어 결합된 형식이다.

나는 이 일에 매우 익숙하다.

我 对 这 个 工 作 很 熟 悉。

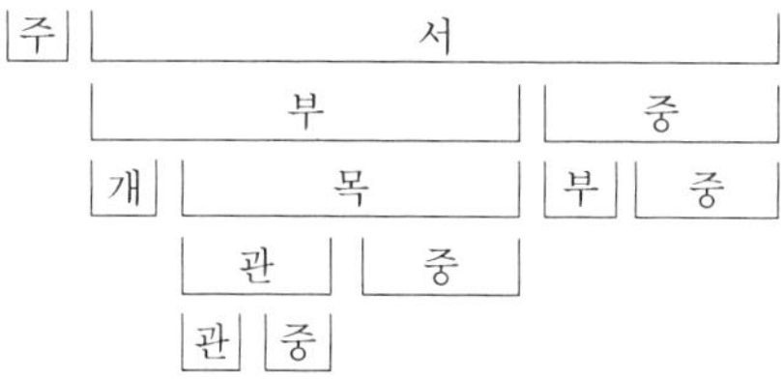

어린 아이가 너무 많은 사탕을 먹는 것은 좋지 않다.

小 孩 子 吃 太 多 糖 不 好。

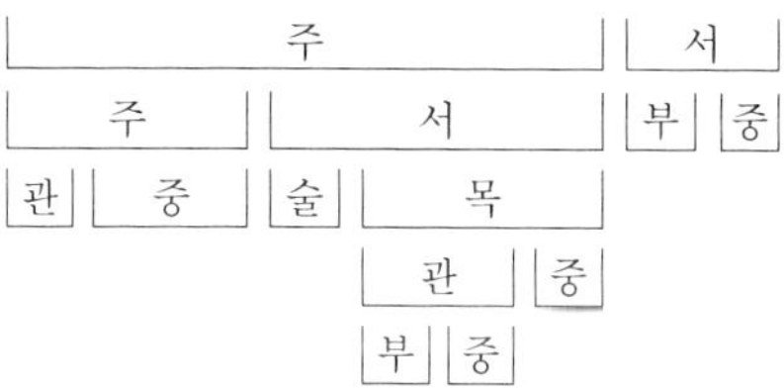

우리가 영화를 다 보고 돌아가도 늦지 않는다.

我 们 看 完 电 影 回 去 也 不 晚。

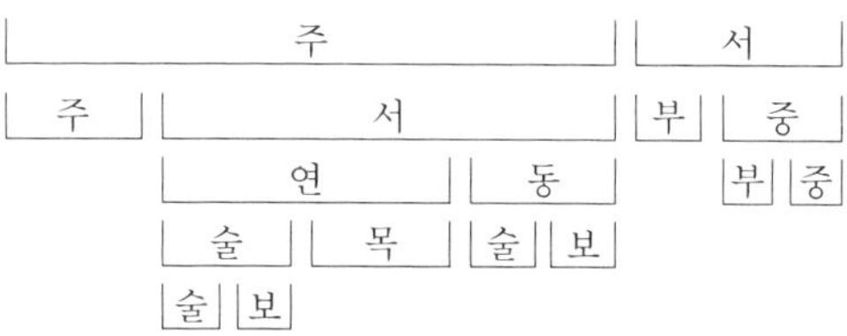

2.3. 명사 서술어문

명사 서술어문은 명사나 명사구가 서술어가 되는 문장이다. 일반적으로 판단동사 "是"나 "有"가 생략된 문장이 고정화되어 하나의 문형으로 쓰이고 있다.

① 1단계 형식

명사 서술어문은 특정한 상황에서 두 개의 명사성 단어가 "주어 + 서술어" 구조를 형성하고 있는 문장이다.

오늘은 맑은 날이다.
今 天 晴 天。
주 서

내일은 설이다.
明 天 春 节。
주 서

그는 의사야.
他 医 生。
주 서

루쉰은 저우수런이다.
鲁 迅 周 树 人。
주 서

② 2단계 형식

명사 서술어문의 2단계 형식 역시 명사성 단어로만 구성된 "주어 + 서술어" 구문에 하나의 단어가 문장성분으로 결합된 문장이다.

나는 서울사람이다.
我 首 尔 人。
주 서
관 중

라오 리는 이미 교수가 되었다.

老 李 已 经 教 授 了。[58]

주 | 서

부 | 중 | 了

베이징은 중국의 수도이다.

北 京 中 国 的 首 都。

주 | 서

관 | 的 | 중

지금 12시이다.

现 在 十 二 点。

주 | 서

관 | 중

③ 3단계 이상의 형식

명사 서술어문의 3단계 형식은 단어로만 구성된 "주어 + 서술어" 구문에 두 개의 단어가 문장성분으로 결합된 문장이다. 특정한 상황에서만 쓰이기에 다중 수식어가 있는 복잡한 구조의 문장은 많지 않다.

한 사람당 하나의 계란이 주어진다.

一 人 一 个 鸡 蛋。

주 | 서

관 | 중 | 관 | 중

관 | 중

58) 이 구문의 부사 "已经"은 비록 명사 앞에 위치하여 명사를 수식하는 것으로 보이지만, 실제로 명사 "教授"는 "교수가 되다(이다)"라는 용언적 의미를 표현하고 있기 때문에 부사 "已经"은 중심어를 동사(구)로 하는 부사어로 보아야, "부사는 명사를 직접 수식하지 않는다." 또는 "명사는 부사의 수식을 받을 수 없다"라는 결합규칙에 위배되지 않는다.

매 학기는 모두 16주이다.

每 个 学 期 一 共 十 六 周。

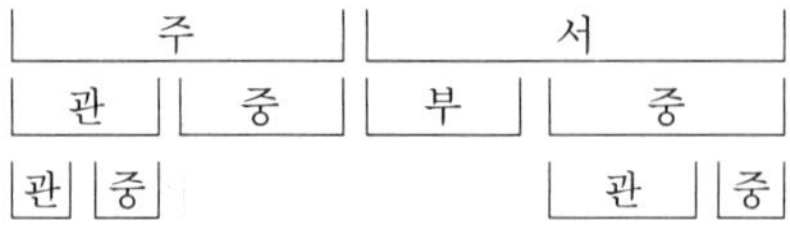

한 사람 당 곧 책 한 권을 가지고 있다.

一 个 人 就 一 本 书。

2.4. 주어서술어 서술어문

편의상 줄여서 주서 서술어문이라 부르는 주어서술어 서술어문은 서술어 자체가 다시 "주어 + 서술어"의 결합구조를 나타내는 문장이다. 앞서 분류한 동사 서술어문, 형용사 서술어문, 명사 서술어문이 서술어를 구성하고 있는 성분에 의한 분류라면 이 주서 서술어문은 결합구조에 의한 문장 형식이다.

① 2단계 형식

주서 서술어문은 문장의 특성상 두 개의 단어만으로 구성되는 1단계가 존재하지 않는다. 이미 서술어가 두 개의 단어로 구성되기 때문이다. 결국 주서 서술어문의 2단계는 최소 세 개의 단어로 구성된 문장이다.

이 아이는 눈이 크고, (코가 작다).

这 孩 子 眼 睛 大, (鼻 子 小)。[59]

| 주 | 서 | 주 | 서 |

| 관 | 중 | 주 | 서 |

샤오 왕은 성격이 직설적이다.

小 王 性 格 直 爽。

| 주 | 서 |

| | 주 | 서 |

칭다오는 여름이 시원하다.

青 岛 夏 天 凉 快。

| 주 | 서 |

| | 주 | 서 |

오늘은 내가 간다.

今 天 我 去。

| 주 | 서 |

| | 주 | 서 |

② 3단계 형식

주서 서술어문의 3단계 형식은 세 개의 단어가 쓰인 2단계 형식 "주어 + 주어 + 서술어" 구조에 성분별로 하나의 단어가 추가된 문장이다.

---

59) 형용사 서술어문이던 주서 서술어문에 속한 서술어 내부의 작은 서술어문이던 형용사는 대조적 의미가 아니라면 단독으로 서술어가 되지 않는다. 독자적으로 쓰였다면 내포하고 있는 대조적 의미가 있다.

내 여동생은 키가 작다.

我 妹 妹 个 子 很 矮。

주 | 서
관 | 중 | 주 | 서
부 | 중

이 한국 드라마는 줄거리가 생동적이다.

这 部 韩 剧 情 节 生 动。

주 | 서
관 | 중 | 주 | 서
관 | 중

나는 오늘(은) 상하이에 간다.

我 今 天 去 上 海。

주 | 서
주 | 서
술 | 목

천근 무게의 부담은 네가 먼저 져라.

千 斤 的 担 子 你 先 担 吧。

주 | 서 | 吧
관 | 的 | 중 | 주 | 서
관 | 중 | 부 | 중

③ 4단계 형식

주서 서술어문의 4단계 형식은 세 개의 단어가 쓰인 2단계 형식 "주어 + 주어 + 서술어" 구조에 성분별로 두 개의 단어로 구성된 문장성분이 결합된 문장이다.

나는 한 방울의 술도 마시지 않는다.

我 一 滴 酒 也 不 喝。

내일은 그들이 여기에 오지 않아.

明 天 他 们 不 来 这 儿。

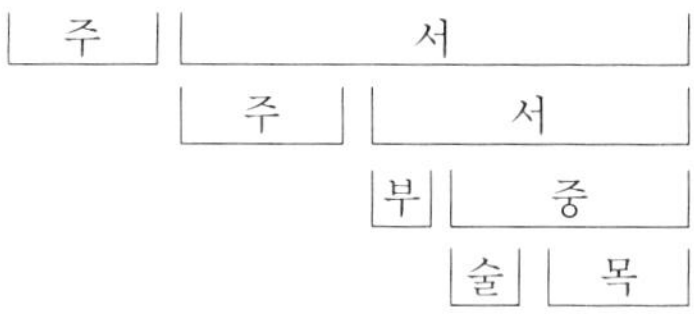

선생님의 책상은 내가 이미 다 정리했어.

老 师 的 书 桌 我 已 经 收 拾 好 了。

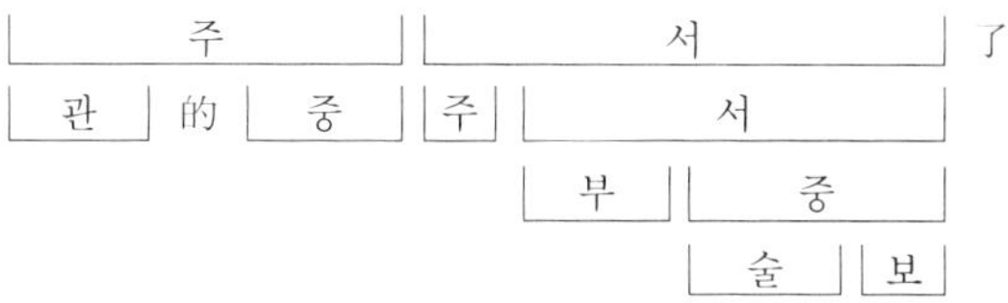

그가 중국어는 말하는 게 유창해.

他 汉 语 说 得 很 流 利。

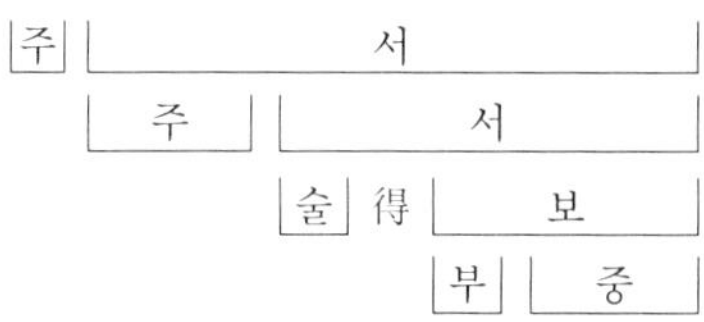

④ 5단계 이상의 형식

주서 서술어문의 5단계 형식은 세 개의 단어가 쓰인 2단계 형식 "주어 + 주어 + 서술어" 구조에 성분에 따라 세 개 이상의 단어로 구성된 문장성분이 결합된 문장이다.

이 일은 우리가 결코 그를 탓할 수 없다.

这 件 事 儿 我 们 并 不 怪 他。

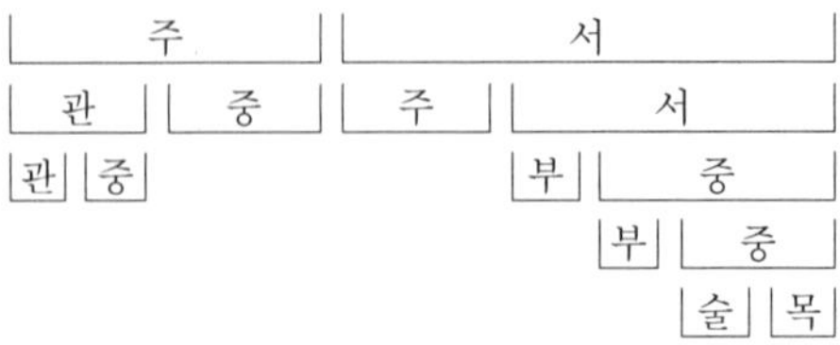

주말에는 당신이 우리 집에 와서 손님이 돼라. (방문해 주시오)

周 末 你 到 我 家 来 作 客。

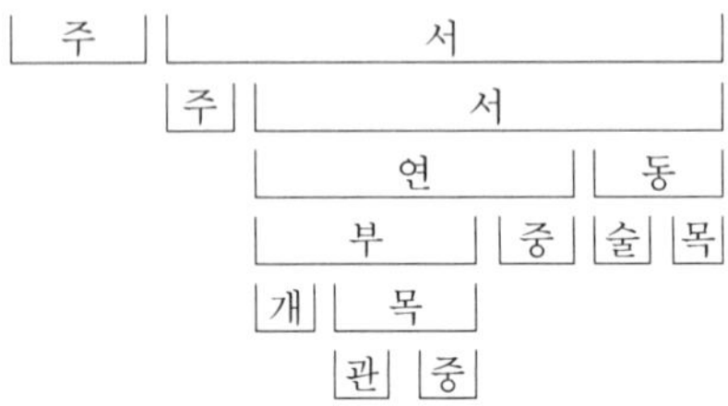

이 문제는 우리가 돌아가자마자 선생님과 상의해야 한다.

这 个 问 题 我 们 要 回 去 就 跟 老 师 商 量。

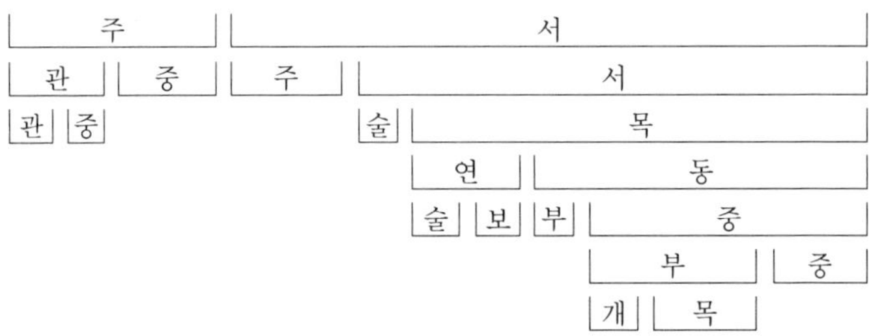

군중의 이익은 우리가 언제나 마음에 담아두어야 한다.

群 众 的 利 益 我 们 要 时 刻 放 在 心 上。

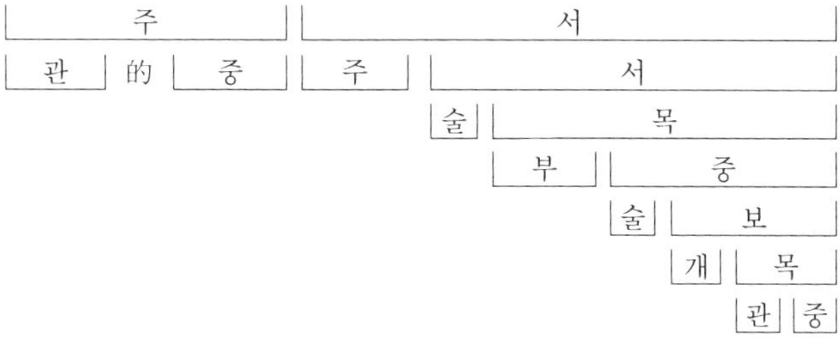

Ⅴ. 일반문[常式句]과 변식문[变式句][60)]

형태학적으로 孤立語의 특징을 갖고 있는 중국어는 단어내부에 엄격한 의미의 형태변화를 찾아볼 수 없다. 때문에 구조적으로 조사, 개사 등의 虛詞와 문장성분의 語順이 의미전달에 있어서 중요한 위치를 차지하고 있다. 특히 중국어 학습자의 입장에서 비교적 명확한 문법의미를 전달하는 허사와 달리 문장성분은 어순의 변화에 따른 형태적 표지가 없어 중국어를 학습할 때 어순변화에 따른 의미전달의 심층적 차이를 쉽게 찾아볼 수 없다. 문장성분의 변화에는 아래와 같은 두 가지 형태를 찾아 볼 수 있다.

예 1) 客人来了 – 来客人了 (손님이 왔다)

예 2) 我把书读完了 – 我读完了书 (책을 다 읽었다)

예1)은 "客人"이 주어의 위치에 있는 문장과 목적어의 위치에 있는 문장이다. 이 전 후의 두 문장은 기본적인 의미는 "손님이 왔다"라는 어떤 존재의 출현을 가리키는 문장이다. 하지만 두 문장이 표현하는 상황은 서로 다르다. 전자는 대화자간에 손님이 올 것을 서로 알고 있는 상황을 표현하고 있고, 후자는 올지 몰랐던 손님이 찾아 왔을 때의 상황을 표현하고 있다.

60) 5장의 내용은 〈현대한어변식문유형분석〉(《中國學》 2004.08)이라는 논문을 수정한 것이다.

예2)는 술어동사 "读"의 의미상의 목적어인 "书"를 개사 "把"를 이용하여 앞으로 도치시킨 문장이다. 물론 도치된 후의 "书"는 여기서 술어 "读"의 목적어가 아니라 개사 "把"와 결합하여 부사어의 역할을 하고 있다.

이처럼 현대 중국어에서 같은 단어라도 위치의 변화에 따라 문장성분이 바뀌고 이에 따라 내포하는 의미가 서로 다르게 나타나거나, 표현하는 의미는 유사할지라도 위치의 변화에 따라 다른 문장성분이 된다.

하지만, 우리는 실제 대화상황에서 특정한 언어 환경 속에 문장성분은 바뀌지 않고 문장성분이 도치되어 사용되는 예를 찾아 볼 수 있다. 예를 들면 다음과 같다.[61)]

真高啊，这楼! (정말 높구나, 이 건물은!) – **这楼真高啊!**

他们走了，都。(그들은 갔어, 모두.) – **他们都走了。**

위와 같은 문장은 대화체의 口語나 書面語에서 쓰이고 있는 변식문[变式句][62)]으로서 청자나 독자로 하여금 도치된 문장성분의 의미를 강조하고 좀 더 색다른 의미를 부각시키는 역할을 하고 있다.

변식문은 대화체에서는 화자의 무의식적인 활용과 의식적인 활용의 두 가지 면이 존재한다고 보기 때문에 여기서는 중국의 現當代 소설과 같은 서면어에 나타난 저자의 의식적인 변식문 용례의 활용을 분석하여 변식문의 유형을 분류하였다.

---

61) 인용 陸儉明「漢語口語句法里的易位現象」,《現代漢語句法論》4-8쪽, 商務印書館, 1993년

62) 중국학계에서는 "變式句" 혹은 "倒裝句"라 표현하고 있다.

1. 변식문의 정의와 형성조건

앞 장에서 서술한 바와 같이 현대 중국어의 문장성분은 문장 속에서 비교적 고정된 위치를 차지하고 있다. 일반적으로 주어는 서술어의 앞에 위치하고, 목적어는 술어의 뒤에 부사어와 관형어는 중심어의 앞에 위치하고 있다.

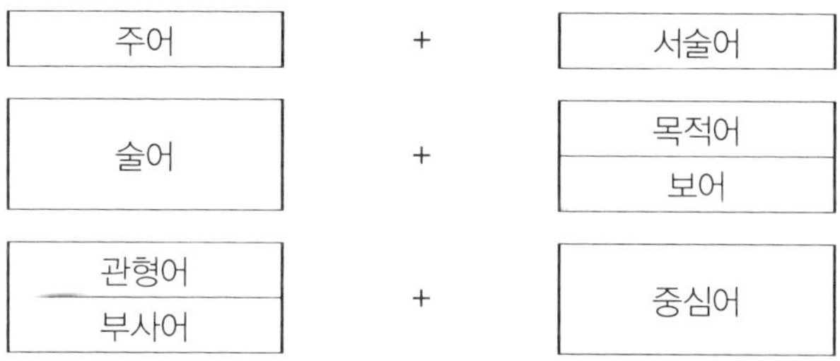

위와 같이 보편적이며 고정된 형태의 현대 중국어 문장을 가리켜 일반문[常式句]이라 한다.

그러나 실제 특정한 언어 환경에서 현대 중국어는 이렇게 고정된 어순의 문장성분으로 구성된 문장만 있는 것은 아니다. 특정한 언어 환경에서 표현상의 필요에 의해 문장성분의 어순이 도치된 문장도 쓰이고 있다. 이러한 문장을 변식문[变式句]이라 한다.

이 변식문은 일반문과 상대적인 개념으로서 현대 중국어에서 구조적으로 비교적 고정된 문장성분의 어순이 특정한 언어 환경에서 倒置되어 형성된 문장을 말한다.[63)]

63) 現當代문학작품 속에서 분석한 몇 개의 예문들을 중국학생들을 대상으로

모든 언어는 각자의 구조적 체계성을 가지고 있다. 만약 일정한 체계를 갖고 있지 않다면 언어표현의 혼란을 초래할 것이다. 더욱이 중국어는 문장성분의 어순을 의미전달의 주요한 문법적 수단으로 삼고 있기 때문에 더욱 체계적인 규칙을 필요로 한다.

그렇기 때문에 변식문은 아래와 같은 일정한 언어 조건을 전제로 활용되고 있다.

(1) 도치된 문장성분은 다시 본래의 위치로 복원할 수 있고, 다른 단어의 증감이 없다.

(2) 문장성분의 도치 이후 전체문장에서 그 구조적 관계와 문장성분의 고유한 性質이 변하지 않는다.

(3) 변식문의 의미중심과 문장의 accent는 도치된 문장성분에 있다.

(4) 문장성분의 도치 이후 원문과 비교하여 문장이 표현하려하는 기본적 의미는 변하지 않는다.

조사해 본 결과 문장성분에 따라 다소 다르게 나타나고 있지만 대부분의 도치된 문장성분을 도치되기 전의 문장성분으로 판단하였고 표현에 있어서의 의미중심을 도치된 문장에 있다고 보았다. 참고 이화범〈현대중국어 관형어 後置에 관한 小考〉(《중국언어연구》 제14집, 韓國中國言語學會, 2002.6.)

	의미중심 위치	accent 위치	문장성분 사이의 休止(停頓)
도치된 서술어	68.53%	67.79%	74.53%
도치된 목적어	85.96%	86.52%	77.83%
도치된 부사어	62.36%	75.85%	75.22%
도치된 관형어	64.58%	87.28%	83.52%

(5) 도치된 문장성분은 표현에 있어 다소 강조의 의미를 갖는다.

2. 중국어 문장성분의 倒置 현상에 대한 연구 현황

상대적 개념인 주어와 서술어, 술어와 목적어, 관형어와 중심어, 부사어와 중심어 간의 어순 도치 형태의 문장인 변식문은 古代 중국어에 나타난 변식문을 언급하고 있는 중국 최초의 체계적인 문법서《馬氏文通》의 출간 이후에 많은 학자들의 연구대상이 되어 왔다. 대표적인 문장을 살펴보면 아래와 같다.

朱德熙는 그의 저서《語法講義》[64]에서 대화체에 나타나는 이런 도치현상의 문장을 倒裝句라 하였고, 주어 후치[主语后置], 수식어 후치[修饰语后置], 목적어 전치[宾语前置], 보어 전치[补语前置], 연동구조의 전후 두 성분의 어순 도치[连谓结构前后两个直接成分顺序倒置]의 5개 유형으로 분류하였다.

陸儉明은《漢語口語句法里的易位現象》[65]의 문장에서 대화체에 나타난 어순도치 현상을 세밀하게 분석하고 있다. 그는 이 문장 속에서 고정된 형태의 문장으로 命名하지 않고 하나의 언어현상으로 역위[易位] 현상이라 지칭하여 서술하고 있다. 그는 중국어의 구조와 의미에 따라 주어와 서술어의 역위 현상, 부사어와 중심어의 역위 현상, 술어와 목적어의 역위 현상과 復位 구조, 즉 동사의 연이은 사용으로 구성된 성분 간의 역위 현상 등 4개의 유형으로 분류하였다.

---

64) 商務印書館, 1982년.

65) 참고《中國語文》第一期, 1980년.

黎錦熙는《新著國語文法》[66]에서 변식의 賓位, 변식의 主位, 변식의 副位로 나누어 분석하고 있다. 이밖에 邢公畹 주편의《現代漢語教程》,[67] 李子云《漢語句法規則》[68] 등 많은 현대 중국어 문법관련 저서에서 문장성분의 어순도치 현상을 다루고 있다。

또한 변식문의 출현은 실제 언어 환경에서 언어의 활용과 밀접한 관련이 있기 때문에 이러한 도치현상을 언어의 구조적인 측면과 함께 수사[修辞]적인 관점에서 연구하고 있는 저서들을 찾을 수 있다.[69] 수사학자들은 문장성분의 어순도치를 언어 활용 중의 "倒裝"格으로 분류하여 修辭 방법의 하나로 보고, 이러한 방법을 통하여 언어를 수식하거나 조정하여 언어의 표현 효과를 강화할 수 있다고 여겼다.[70]

3. 변식문의 유형

변식문은 상대적인 개념의 문장성분이 도치된 형태에 따라 주서변식문[主谓变式句], 술목변식문[述宾变式句], 관중변식문[定中变式句],

66) 商務印書館, 1992년.

67) 南開大學出版社, 1992년. "倒裝句"라 지칭.

68) 安徽教育出版社, 1994년. "變式句"라 지칭.

69) 참고 駱小所《現代修辭學》, 雲南人民出版社, 1993년. 崔紹範《修辭學概要》, 內蒙古大學出版社,1993년. 王勤《漢語修辭通論》, 華中理工大學出版社, 1995년. 等.

70) 참고《漢語修辭格大辭典》, 中國國際廣播出版社, 1990년. 成偉鈞、唐仲揚等主編《修辭通鑒》, 中國青年出版社, 1991년.

부중변식문[状中变式句]의 4가지 유형으로 분류할 수 있다.[71]

3.1. 주서변식문[主谓变式句]

일반적인 "주어+서술어" 구문의 문장성분 어순은 주어가 서술어의 앞에 위치하지만, 특정한 상황에서 종종 서술어가 주어의 앞으로 도치되어 주서변식문, 즉 "서술어+주어" 구문을 형성한다. 주서변식문의 형성에서 문미 어기사는 서술어의 뒤에 나타난다. 주서변식문을 서술어의 성질[性質]에 따라 아래와 같이 분류할 수 있다.

3.1.1. 동사 서술어로 구성된 주서변식문

① 炸裂呀，我的身体！炸裂呀，宇宙！(郭沫若《屈原》)
작렬하라, 나의 신체여! 작렬하라, 우주여!

② 出来吧，你们！(孙犁《荷花淀》)
나와라, 너희들!

③ 难忘啊，三年"文化大革命"的动荡岁月。(老鬼《血色黄昏》)
잊을 수가 없구나, 삼년 문화대혁명 동요의 세월은.

④ 多熟悉呵，这漫天皆白的雪原！(魏钢焰《忆铁人》)
얼마나 익숙한가, 이 온통 새하얀 설원이.

위의 각 문장은 일반문과 비교해 볼 때, 언어구조는 변하지 않고, 또한 문장성분의 성질도 변함이 없지만, 표현에 있어서 각 문장의 감

71) 필자는 현당대 소설에 표현된 언어에서 보어의 도치 형태를 찾지 못하였다. 아마도 술보구조 결합의 긴밀성에 그 원인이 있다고 본다.

정적인 색채는 달리 나타나고 있다.

예문 ①과 ②는 명령어기를 표현하는 명령문이고 예 ③과 ④는 감탄어기로 화자의 강렬한 감정을 표현하는 감탄문이다.

修辭的 측면에서 보면 예 ①은 화자의 혁명을 위해 헌신하고자 하는 강렬한 감정을 부각시켰고, 예 ②는 화자의 불만을 어순도치의 방식으로 좀 더 강하게 표현하고 있다. 예 ③은 화자의 감개무량한 심정을 강렬히 표현하였고, 예 ④는 자연경관에 대한 지극한 경탄의 감정을 나타내고 있다.

3.1.2. 형용사 서술어로 구성된 주서변식문

① 多好啊，生活！多美啊，爱情！(谌容《人到中年》)
얼마나 좋은가, 생활! 얼마나 아름다운가, 애정!

② 多么雄壮有力啊，中国人民跃进的步伐！(柯岩《奇异的书简》)
얼마나 웅장하고 힘이 있는가, 중국인민들의 약진의 발걸음!

③ 多么好，祖国！多么好，生活！多么好啊—物理！(柯岩《奇异的书简》)
얼마나 좋은가, 조국! 얼마나 좋은가, 생활! 얼마나 좋은가, 물리!

형용사 서술어로 구성된 주서변식문은 모두 감탄문을 형성하고 있다. 강렬한 감정을 표현하는 감탄어기의 문장에 문장성분의 도치를 통하여 표현하려하는 감정을 더욱 부각시키고 있다. 구체적으로 살펴보면, 예 ①은 생활과 사랑에 대한 열정과 찬송을 더욱 돋보이게 하였고, 예 ②와 ③에서는 작자가 사물의 어떤 속성이 생성하는 특수한 느낌에 대하여 깊은 인상을 받음으로서 먼저 사물에 대한 느낌을 말하였다. 작자는 이러한 도치 형식으로 문장을 구성함으로써 사물에 대한 찬송과 감정의 토로를 강조하였고, 독자로 하여금 공감대를 형성하게 하고 있다.

3.1.3. 의문대사로 구성된 주서변식문

① 女人看出他笑的不像平常。"怎么了，你？"(孙犁《荷花淀》)
여인은 그의 웃음이 평소와는 다른 것을 알아보았다. "왜 그래요, 당신?"

② 四外看看，问：什么事呀，杜大叔？"(浩然《夏青苗求师》)
주변을 보면서 물었다: "무슨 일 입니까, 杜아저씨?"

상술한 예문들은 의문대사가 서술어로 쓰인 의문문에 나타난 주서변식문이다. 예 ①은 절박한 상황에서 水生의 아내가 갖고 있는 여성 특유의 민감함과 水生에 대한 관심을 표현하고 있다. 예 ②는 의문내사가 명사를 수식하고 있는 명사 서술어로 구성된 주서변식문으로 화자의 절박한 심정을 부각시키고 있다.

3.1.4. 술목구조의 서술어로 구성된 주서변식문

① "上哪儿啦？你！"她一边去盛白菜，一边问。(老舍《骆驼祥子》)
"어디가요? 당신" 그녀는 배추를 담으며 물었다.

② 再见在火线中吧，我的"哥哥"！(殷夫《写给一个哥哥的回信》)
전장에서 다시 봅시다, 나의 "형님"!

예 ①은 의문문으로 서술어를 먼저 꺼냄으로써 화자의 불만을 강하게 표현하였고, 예 ②는 명령문으로 형님과 정의를 위해 주저하지 말고 전장에 나아가자는 감정을 부각시켰다.

3.1.5. 주서구조의 서술어로 구성된 주서변식문

① 我明白你，凡。(田小菲《哈得逊河上的落日》)
나는 너를 이해해, 凡.
② 那不是你的错，巧珠。(廉声《月色狰狞》)
그건 너의 잘못이 아니야, 巧珠.

상술한 예들은 모두 진술문[陳述句]에서 보이고 있다. 예 ①은 화자의 청자에 대한 이해를 강조하고, 예 ②는 巧珠를 위로하기 위해 급하게 말을 꺼내는 상황을 부각시키고 있다.

3.2. 술목변식문[述宾变式句]

1950년대 중국문법학계의 주어와 목적어 문제에 관한 토론 이후에 많은 학자들이 목적어의 前置현상을 부인하고 있다. 예를 들면“这样的事情谁肯干？”“这个字谁不认识？”와 같은 문장이다.[72] 이 문장들에서 “这样的事情”, “这个字”는 피동적 주어이지 전치된 목적어가 아니라 여긴다. 중국어에서 주어가 반드시 동작의 실행자인 것은 아니며 목적어가 반드시 피동적인 것은 아니다. 문장의 의미 관계와 문법 관계는 서로 다른 맥락으로 보아야 한다. 하지만 일부 학자들은 여전히 목적어의 전치를 주장하고 있다. 예를 들면 “他什么都懂。／我哪儿也想去。／他一个钱也不花。”와 같은 문장이다. 이 문장들에서 “什么”“哪兒”“一个錢”을 전치된 목적어로 보고 있다. 이러한 예들은 어떻게 분석하든지 간에 본서에서 서술하고 있는 변식문이 아

72) 인용 李子云《漢語句法規則》385-386쪽, 安徽教育出版社, 1994년.

니다. 본서에서 서술하고 있는 변식문의 형성 조건에는 "도치된 문장성분은 다시 본래의 위치로 복원할 수 있고, 다른 단어의 증감이 없다.", "문장성분의 도치 이후 전체문장에서 그 구조적 관계와 문장성분의 고유 性質이 변하지 않는다.", "문장성분의 도치 이후 원문과 비교하여 문장이 표현하려하는 기본적 의미가 변하지 않는다." 등이 있다. 이러한 조건으로 나열한 예들을 분석하면 본문에서 서술하고 있는 변식문과 차이가 있음을 알 수 있다.

他什么都懂。(그는 무엇이든 다 안다.)
他都懂什么。(그가 뭘 알아.)

我哪儿也想去。(나는 어디라도 가고 싶다.)
我也想去哪儿。(나도 어딘가를 가고 싶다.)

他一个钱也不花。(그는 한 푼도 쓰지 않는다.)
他也不花一个钱。(그도 한 푼을 쓰지 않는다.)

전치된 목적어라 여기던 성분을 술어의 뒤로 복원하였을 때 위의 비교 문장과 같이 문장이 표현하는 기본적인 의미에 변화가 있을 뿐만 아니라 "什么" "哪儿" "一个钱"이 갖고 있는 보편적 의미가 소멸되어 복원된 후의 문장과 원문은 근본적으로 다른 문장이 된다.

이러한 이유로 상술한 예문들을 본서에서는 변식문이라 하지 않는다. 그렇다면 중국어에는 목적어가 전치된 변식문이 존재하지 않는 것인가? 사실상 사람들 간의 실제 대화에서나 서면어에서 종종 찾아볼 수 있다. 단지 자주 쓰이지 않을 뿐이다.

서면어에서 변식문은 다음과 같은 두 가지 상황에서 쓰이고 있음을 알 수 있다.

(1) 문장의 修辭的 수단으로 작가가 문장형식의 변화를 추구하고 자 할 때

(2) 표현의 의미를 강하게 부각시킬 때

이러한 특징은 필자의 통계자료에 근거하면 술목변식문에서 더욱 강하게 나타나고 있다. 위 두 가지 상황의 구분근거는 앞 뒤 문장의 언어 환경에 의해 결정되어 진다.

서면어에서 볼 수 있는 술목변식문을 문장의 구성에 따라 분류하면 아래와 같다.

3.2.1. "목적어+주어+술어" 구조

① 但现在是知道也没有什么用了，我想。(鲁迅《弟兄》)
그러나 지금은 알아도 아무 소용없어 라고, 나는 생각한다.

② "那么，现在惠嫂还住在那里吗？" 我问。(王宗元《惠嫂》)
"그럼, 현재 형수님이 아직도 그곳에 계십니까?" 라고 내가 물었다.

③ 这个月牙是希望的开始，我心里说。(老舍《月牙儿》)
이 달은 희망의 시작임을, 나는 마음속으로 말하였다.

④ 一切都是天意，他以为。(老舍《骆驼祥子》)
모든 것은 하늘의 뜻이라, 그는 여겼다.

주로 "想" "问" "说" "以为" 등의 동사로 술목구조의 서술어를 형성했을 때, 목적어가 종종 주어 앞으로 전치되어 술목변식문을 형성한다. 상술한 예문들의 목적어는 모두 단문으로 구성되어 "想" "问" "说" "以为"의 목적어 성분이다. 이러한 예문들은 문장 속에서 각자의

수사적 역할을 하고 있다. 예 ①은 "现在是知道也没有什么用了"를 주어 앞에 두어 앞 문장의 "후회"의 의미를 더욱 명확히 강화하였고 예 ②, ③, ④는 부각시키고자 하는 의미를 앞으로 전치시키고 행위자와 동작행위를 뒤에 두어 보충 설명하는 형태를 취하고 있다.

3.2.2. "목적어+주어+술어+목적어" 구조

① "出山了！"我想，"万石头出山了!"(茹志鹃《出山》)
"산을 나갔어!" 나는 "모든 돌들이 산을 나갔어!"라고 생각했다.

② "这是绘畫变了质，"他指着毕伽索的一幅著名的畫《镜前的妇人》这样说，"实在令人嫌恶！"(徐迟《祁连山下》)
"이것은 그림이 변질된 거야" 그는 피카소의 유명한 그림 《거울을 보는 여인》을 가리키며 이렇게 "정말 사람으로 하여금 혐오스럽게 하는군!"하고 말하였다.

③ "不管怎样，"她说，"我相信这曲子大概真地是治失眠症的灵丹妙药呢。你不觉得听它的时候，整个心都静下来了吗？"(田小菲《哈得逊河上的落日》)
"어떻든지 간에", 그녀는 "나는 이 곡이 대체로 불면증을 치료하는 묘약이라 믿고 있어. 너는 그것을 들을 때 온 마음이 안정된다고 느끼지 않니?"라고 말하였다.

④ "老价嘛，"回回说，"三角五一斤，你要买多少？"(贾平凹《鸡窝洼的人家》)
"원래 가격이잖아" 매번 "한 근에 35전, 얼마나 사려해요?"라고 말하였다.

서면어에서 구조적으로 목적어의 역할을 담당하는 성분이 복잡한 복문을 형성할 때, 일부분의 목적어를 술어 앞으로 前置시켜 그 의미를 강조하기도 한다. 상술한 예문들은 수사적 측면에서 구조적으로 특수하게 보이며, 작자는 이를 통해 독자의 이목을 끄는 효과를 이끌어 내고 있다.

3.3. 관중변식문[定中变式句]

관형어 후치에 대하여 중국의 문법학계에서는 대체로 두 가지의 대립된 관점을 보이고 있다. 그 하나는 陸儉明, 李芳杰 등의 관형어는 後置될 수 없다는 관점이다. 李芳杰는《定語易位問題芻議》[73]에서 "현대 중국어에는 대화체와 서면어에서 관형어가 위치를 변경하는 역위 현상이 모두 존재하지 않는다."라고 하였다. 다른 하나는 관형어가 후치될 수 있다는 관점이다. 이것은 王力의《中國現代語法》,[74] 黎錦熙의《新著國語文法》[75] 이래로 비교적 보편적인 견해이다. 이밖에도 중국의 많은 문법학자들은 중국어에서 관형어의 위치는 비교적 신축성이 있다고 여긴다. 관형어 후치 현상을 부인하는 학자들처럼 후치된 관형어를 종속적인 단문으로만 본다면 그것은 후치된 관형어의 기능을 문장의 표현에 있어서 일반적인 묘사와 서술에 한정시키는 것이다. 바꾸어 말하면 후치된 관형어는 문장 속에서 위치의 변화에 따라 상용 어순과는 구분되는 언어 활용적인 의미가 강조되고 있다고 본다.

---

73) 李芳杰「定語易位問題芻議」(《漢語語法和規範問題硏究》148쪽, 武漢大學出版社, 1993).

74) 王力《中國現代語法》107쪽, 商務印書館, 1985.
"普通的次品, 总是放在其所修饰的首品的前面的 ; 但是为了特殊的原因, 它却可以放在那首品的后面。次品放在首品后面的, 我们把它叫做次品补语."
"보통의 次品(수식어)은 언제나 首品(피수식어)의 앞에 놓인다; 그러나 특수한 원인으로 그것은 首品의 뒤에 놓일 수도 있다. 次品이 首品의 뒤에 놓이면, 우리는 그것을 次品補語라 부른다."

75) 黎錦熙《新著國語文法》173쪽, 商務印書館, 1992.
"国语中的形容附加语, 常是附在实体词的前面 ; 但因修辞上的必要, 也可以改附于后面."
"國語 중의 形容附加語는 항상 實詞의 앞에 놓인다; 그러나 修辭적인 필요에 의해 위치를 바꾸어 뒤에 놓일 수도 있다."

필자가 수집한 자료에 근거하면 후치된 관형어는 문장 속에서 아래와 같은 일정한 구조적인 규칙을 가지고 있음을 알 수 있다.

(1) 후치된 관형어는 반드시 구조조사 "的2"와 "的3"을 동반한다.

(2) 후치된 관형어는 반드시 피수식어의 뒤에 위치하고 중간에 다른 문장성분이 삽입되지 않는다.

(3) 관형어 후치 이후 발음에 있어서 문장 속의 중심어와 관형어 사이에 일정한 休止가 있고, 서면어에서는 쉼표(,)로 표시한다.

상술한 구조적 규칙에 근거하여 관형어가 후치된 문장을 본서에서는 관중변식문으로 분류하였고, 본서는 "的"의 특성에 따라 아래와 같이 두 유형으로 관중변식문을 분류하였다.[76)]

3.3.1. 구조조사 "的2"를 동반한 관중변식문

3.3.1.1. "단음절형용사+접미사"+"的2" 구조의 관형어 후치

① 海面劈面立起一片 从来没见过的山峦，黑苍苍的，像水墨畫一样.

---

76) "的"의 특성을 나누는 근거는 朱德熙의 <說"的">(《現代漢語語法研究》, 商務印書館, 1985)에서의 견해에 따른다.
"'的1' 是副词性语法单位的后附成分('的1'은 부사성 문법단위의 부가성분)" 74쪽.
"'的2' 是形容词性语法单位的后附成分('的2'는 형용사성 문법단위의 부가성분)" 77쪽.
"'的3' 是名词性语法单位的后附成分('的3'은 명사성 문법단위의 부가성분)" 78쪽.

(杨朔《海市》)
해변의 암벽은 한 번도 보지 못했었던 산만처럼, 거무잡잡한, 우뚝 서 있어 마치 한 폭의 수묵화와 같다.

② 钢琴摆在优美的葡萄园中, 葡萄园中的葡萄, 胖嘟嘟的, 个个含着清晨的露珠.(刘震云《土匁鼓点后》)
피아노는 아름다운 포도정원 속에 놓여 있고, 포도정원 속의 포도는, 통통이 쌀찐, 그 한알 한알 맑은 새벽의 이슬방울을 머금고 있는 듯 했다.

③ 他还是一身工作服, 黄一块黑一块的, 满身有一股烟和火的气息…(李建钢《三个李》)
그는 아직도 작업복 차림인데, 노랗고 새까만 얼룩덜룩한, 온 몸에는 연기와 불의 냄새가 묻어 있다.

위의 예문 ①은 전후의 언어환경으로 보아 "像水墨畫一样"이 가리키는 것은 단순한"山峦"이 아닌 "黑苍苍的山峦(거무잡잡한 산만)"이다. 관형어"黑苍苍的"를 "山峦"의 뒤로 옮겨 문장형식을 돌출 시키고 "山峦"이 띄고 있는 색을 강조하여 매혹적인 정취를 구성하였다. 예문 ② 또한 "葡萄"의 형태를 문장의 돌출적인 형식으로 그 의미를 강조하였고, 예문 ③은 문장형식을 정련 되게 하기 위하여 관형어를 피수식어의 뒤에 놓아 문장의 길이를 축소하였고 , 이를 통하여 "工作服"이 띄고 있는 색을 강조하려 하였다.

3.3.1.2. "이음절 형용사의 중복형식 "+"的2" 구조의 관형어 후치

① 市场上游动着许多黑点, 影影绰绰的, 极象是来来往往的人马车辆.(杨朔《海市》)
시장에서는 수많은 까만 점들이, 희미한, 움직이고 있는 데 오고가는 인마 차량과 매우 비슷하다.

② 荷塘四面，长着许多树，蓊蓊郁郁的.（朱自清《荷塘月色》）
荷塘의 사면에는 나무가 자라고 있다，수많은 초록이 무성한.

상술한 예문들은 모두 이음절 형용사의 중첩형식에 “的2”가 결합된 관형어 후치 문형이다. 예 ①은 “影影绰绰的” 뒤의 문장과 호응하여 문장형식을 선명하게 드러내어 “黑点”의 상태를 강조하고 있다. 예 ② 또한 작가가 문장형식의 운용에 의식적으로 “树”의 관형어인 “蓊蓊郁郁的”를 뒤로 놓아, 무성하게 자란 “树”의 모양을 두드러지게 하였다.

3.3.1.3. “성어”+“的2” 구조의 관형어 후치

① 春天象小姑娘，花枝招展的，笑着，走着.（朱自清《春》）
봄은 마치 소녀처럼，화려하게 차려입은，미소 지으며 지나고 있다.

② 树缝里也漏着一两点路灯光，没精打采的，是渴睡人的眼.（朱自清《荷塘月色》）
나무 틈새에도 한두 점의 가로등，희미한，불빛이 새어 나오는 것이 마치 졸리운 사람의 눈과 같다.

③ 进了个傻大黑粗的家伙，大摇大摆的.（老舍《上任》）
멋대가리 없이 키만 크고 가무잡잡하여 투박한 놈이 들어 왔다，어깨를 으쓱거리며 뽐내는 듯한

예문 ①에서는 “小姑娘”을 수식하는 관형어“花枝招展的”의 위치를 피수식어의 뒤로 옮겨, “小姑娘”의 형상을 강조하려 하였다. 예 ②는 먼 곳에 위치한 “路灯光”의 상태를 형상화하는 동시에 작가의 답답한 감정을 표현하였다. 예 ③은 수식어의 장단을 조절하여 문장형식을 간결하게 하고 더불어 “的”字문의 도치를 통하여 작품 속 인물

"钱五"의 안하무인격인 오만한 형상을 강조하고 있다.

3.3.2. "的3"과 결합한 관형어 후치

"的3"과 결합한 단어의 특성에 따라 다시 아래와 같이 분류하여 살펴 볼 수 있다.

3.3.2.1. "단음절형용사"+"的3" 구조의 관형어 후치

① 她一手提着竹篮, 内中一个破碗, 空的；…… (鲁迅《祝福》)
그녀는 한 손에 대바구니를 들었는데, 속에는 낡은 그릇이 하나 있다, 텅빈；……

② 嘿, 杰西, 再看看这放大镜, 镜片是玻璃的.看看手柄, 铜的.(张洁《柯先生的白天和夜晚》)
이보게, 杰西, 이 돋보기를 다시 봐봐, 렌즈가 유리로 만든 것이야. 손잡이도 봐봐, 동으로 만든.

예문 ①은 관형어 "空的"를 "破碗"의 뒤에 위치하게 하여, "破碗"의 상태를 드러나게 하였다. 또한 문형 속에 특정한 감정의 색채를 포함하고 있다. 駱小所는 그의 저서《現代修辭學》에서 이 문장에 대해 아래와 같이 설명하고 있다.[77)]

"祥林아주머니의 거지로 몰락한 비참한 운명을 강조하기 위해, 관

---

77) 駱小所《現代修辭學》79쪽, 云南人民出版社, 1994.
"为了强调祥林嫂沦为乞丐的悲惨命运, 使定语'空的'后置, 栩栩如生地刻划了祥林嫂的乞丐形象, 一个要饭的破碗还是'空的', 这真是作者匠心安排, 以奇特的句式表达了极为豐富的内容."

형어 "空的"를 뒤로 도치시켜 살아있는 것처럼 생동감 있게 祥林아주머니의 모습을 묘사 하였는 데, 하나의 밥이 담기기를 원하는 낡은 그릇이 아직도 비어있다는 표현은 진정 작가의 독특한 안배이다. 특이한 문장형식으로써 지극히 풍부한 내용을 표현하고 있다."

예문 ② 또한 관형어 "铜的"를 피수식어의 뒤로 이끌어내어 앞 문장과 비교해 볼 때 그 문장형식을 간결하게 표현하여 손잡이의 성질을 더욱 드러나게 하였다.

3.3.2.2. "이음절형용사"+"的3" 구조의 관형어 후치

① 他正歪斜着身子，聚神刻一枚方章，旁边一页白叶，落了几个印，鲜红的，笨拙古朴，辨认一会，是一个"龟"字.（沈乔生《娲石》）
그는 몸을 굽히고서 정신을 집중하여 한 개의 네모난 도장을 파고 있고, 옆의 한 장의 흰 종이에는 몇 개의 직인이 찍혀있다, 선홍색의. 서툴고 소박한데 언듯 살펴보니, 하나의 "龟"자 이다.

② 戴着妈妈给我缝的一顶小帽儿，蓝布的，上面印着小小的花……（老舍《月牙儿》）
엄마가 내게 만들어준 조그만 모자를 쓰고 있는 데, 남색천의, 모자 위에는 조그마한 꽃이 새겨져 있다.

예문 ①은 관형어 "鲜红的"를 도치시킴으로써, "印"이 띠고 있는 색채를 강조하였고, 문장형식을 더욱더 생동감이 넘치게 하였다. 예②에서는 뒤의 문장과 호응하여, "小帽儿"의 색깔을 드러나게 하였다.

3.3.2.3. "的2" 혹은 "的3"의 병렬구조와 연합구조

① 岸上四周的树叶，绿的，红的，黄的，白的，一丛一丛的倒影到水中来，覆盖了半湖秋水.(冰心《寄小读者》)
호수 주변의 나뭇잎, 녹색의, 홍색의, 황색의, 백색의, 한 잎 한 잎씩 물속에 비춰들어, 가을의 호수를 덮었다.

② 在老通宝背后，也是大片的桑林，矮矮的，静穆的，在热烘烘的太阳光下，似乎那"桑拳"上的嫩绿叶过一秒种就会大一些.(茅盾《春蚕》)
老通宝의 배후에는 또한 커다란 桑林인데, 낮디 낮은, 조용하고 장엄한, 뜨거운 태양 빛 아래, 마치 주먹을 쥐고 있는 듯한 뽕나무 위의 부드러운 녹엽이 금방이라도 커질 듯하다.

③ ……，人类的高贵精神的辐射，填补了自然界的贫乏，增添了景色，形式和内容的.(茅盾《风景谈》)
인류의 고귀한 정신의 복사는 자연계의 결핍을 보충하였고, 풍경을 첨가하였다, 형식과 내용적인.

④ 但偶然看到地面，却盘旋着一匹小小的动物，瘦弱的，半死的，满身灰土的……(鲁迅《伤逝》)
그러나 우연히 지면을 보니 한 무리의 조그마한 동물들이 배회하고 있다, 마르고 연약한, 반죽음이 된, 온몸이 흙투성이가 된……

예문 ①은 단음절 형용사와 "的3"이 결합된 관형어의 병열로 조성된 관형어 후치 구문으로, 나뭇잎의 현란하고 다채로운 형상을 강조하여 표현하였다. 예문 ②의 관형어는 단음절 형용사의 중복형식과 "的2", 아울러 이음절 형용사와 "的3"이 조합된 복합적 병렬구조의 "的"字 구조 문장이다. 이러한 복합구조는 문법기능 면에서는 "的3" 구조의 관형어와 같은 작용을 한다. 문장형식을 정연하게 하기 위하여 관형어를 도치하였고, 이로써 상림의 형태적인 특징을 강조하여 표현하였다. 예문 ③의 관형어는 連詞 "和"를 이용하여 구성된 복합단어구와 "的3"이 결합하여 형성되었다. 이를 통하여 관형어가 표현하려하는 속성과 특징을 강조하였다. 예문 ④는 몇 개의 "的"字구조의 관형어를 병렬하여 도치시킴으로써 문장형식을 색다르게 보이는 작용을 통하여 소설중 인물의 근심스럽고 괴로운 감정을 강조하였다.

3.4. 부중변식문[状中变式句]

중국어에서 부사어는 다른 문장성분에 비해 상대적으로 쓰이는 위치가 유연성을 갖고 있지만, 일반적으로 동사서술어나 형용사서술어의 앞에서 놓여 수식어의 역할을 한다. 그러나 실제 언어의 응용에 있어서 修辭的 필요에 의해 종종 주어의 앞이나 피수식어(中心語)의 뒤에 놓이기도 한다. 부사어가 놓이는 위치에 근거해서 아래와 같이 두 유형으로 나누어 분석해 볼 수 있다.

3.4.1. 전치된 부사어로 구성된 부중변식문

중국어에서 부사어가 종종 우리가 고정적으로 여기는 동사나 형용사 등의 피수식어 앞에 놓이는 것이 아니라 주어 앞으로 전치되는 현상을 볼 수 있다. 문장 속에서 부사어의 역할을 주로 담당하는 것은 두 종류로 나누어 볼 수 있다. 하나는 부사성이고 하나는 형용사성이다.[78] 여기서는 부사어를 구성하는 조사 "的(地)[de]"를 근거로 다시 두

78) 참고 朱德熙《語法講義》152쪽, 商務印書館, 1982년.

유형으로 분류해 보려 한다.[79)]

3.4.1.1. 부사성의 조사 "的1"을 동반한 변식문

① 极快的他想出个道理来，炮声是由南边来的，……(老舍《骆驼祥子》)
빠르게 그는 하나의 진리를 생각해 내었다: 포성은 남쪽으로부터 온 것이고, ……

② 迷迷糊糊的他拉了几个买卖。(老舍《骆驼祥子》)
정신없이 그는 몇 명의 손님을 끌었다.

③ 傻子似的他自己笑了。(老舍《骆驼祥子》)
바보처럼 그는 스스로 웃었다.

변식문에서 일반적으로 문장성분이 도치되었을 때, 발음에 있어서 다음 문장성분과의 사이에 일정한 休止가 있고, 서면어에서는 쉼표로서 표기한다. 상술한 예문에서는 쉼표의 표기를 쓰지 않고 동작행위를 수식하는 부사어가 주어 앞으로 전치되어 있다. 이러한 현상은 단지 부사어의 전치현상에서만 찾아 볼 수 있다. 또한 이것은 부사어의 위치적 유연성의 일면을 나타낸다고 할 수 있다. 표현상의 활용 혹은 수사적 측면에서 예 ①은 祥子의 임기응변적 민첩함을, 예 ②는 祥子의 수레를 끄는 정신적 형상을, 예 ③은 동작 "笑"에 대한 기색을 부각시키고 있다.

---

79) 시간이나 처소 등을 나타내는 개사구조의 구가 도치되어 주어 앞에 놓이는 현상은 보편적으로 쓰이고 있다. 정확한 원인은 앞으로 좀 더 심도있는 연구가 필요하겠지만, 이러한 현상은 부사어의 위치에 대한 유연성과 관계가 있으리라 여겨지며 이러한 부사어는 특수한 수사적 원인에 근거하기보다는 중국인의 언어 습관에 의해 형성되었다 추측되어진다.

3.4.1.2. 조사 "地"를 동반한 변식문

① 慢慢地，他们也和我们一块唱起来。(李增正《"东方红"的故事》)
천천히, 그들도 우리와 함께 노래하기 시작했다.

② 很快地，国内各大城市和国外一些地方都尝到了这芬芳甘甜的美味了。(峻青《秋色赋》)
빠르게, 국내의 각 대도시와 국외의 일부 지방에서 모두 이 감미로운 맛을 볼 수 있겠지.

③ 渐渐地，前面显现出一个凝滞不动的身影。(廉声《月色狰狞》)
차츰차츰, 앞에서 하나의 움직임이 없던 그림자가 드러났다.

상술한 예들도 부사어의 전치를 통해 문장형식을 부각시켜 독자들의 주의를 끌고 있다. 예 ①과 ②는 동작행위에 대한 형상을 강조하고 있고 예 ③은 어떤 사실에 대한 점진적 발전을 강하게 표현하고 있다.

4.4.2. 후치된 부사어로 구성된 부중변식문

이러한 유형은 비교적 강한 서구적 색채를 띠고 있다. 작자는 어떤 표현상의 필요에 의해 이러한 문장을 사용하여 부사어가 나타내는 의미를 강조하고 있지 결코 단순한 모방은 아니라 여겨진다. 이 유형은 상대적으로 앞서 서술한 전치형태보다는 서면어에서 많이 찾아볼 수 있다.

3.4.2.1. 개사구조의 부사어 후치 변식문

이 유형의 변식문은 후치된 부사어 구조에서 가장 많이 보여지고 있다. 부사어가 나타내는 의미에 따라 다시 아래의 몇 가지 형태로 분류할 수 있다.

3.4.2.1.1. 목적에 대한 강조

① 如果我能 夠，我要写下我的悔恨和悲哀，为子君，为自己。(鲁迅《伤逝》)
만약 내가 할 수만 있다면，나는 나의 후회와 비애를 써야한다，子君을 위해，나 자신을 위해.

② 老杨，去一趟吧，为了我，也为了孩子。(王宗汉《高洁的青松》)
杨，한 번 갔다 와요，나를 위해，또한 아이를 위해.

③ 半农先生，我感谢他的好意，为我，为中国。(鲁迅《致台静农》)
半农先生，나는 그의 호의에 감사드립니다，나를 위해，중국을 위해.

3.4.2.1.2. 시간에 대한 강조

① 日本人鼓励他贪污，在他作科长的时侯；日本人拿去他的财产，当他被免职的时侯。(老舍《四世同堂》)
일본인은 그가 부패하도록 격려했다，그가 과장이 되었을 때; 일본인은 그의 재산을 가져갔다，그가 면직되었을 때.

② 他生下来的时侯，并没有玫瑰花，他反而取得成绩。而现在呢？应有所警惕了呢，当美丽的玫瑰花朵微笑时。(徐迟《哥德巴赫猜想》)
그가 태어났을 때，결코 장미가 없었다，그는 오히려 성적을 얻었다. 그러나 현재는? 마땅히 경계심이 있어，아름다운 장미송이가 미소 지을 때.

③ 我总记得见过这一篇好的故事，在昏沉的夜……。(鲁迅《好的故事》)
나는 이 한 편의 훌륭한 얘기를 보았던 것을 언제나 기억하고 있어，어두운 밤에……

위에 열거한 예들은 시간을 나타내는 부사어를 후치시켜 독자들의 관심을 이끌어 낼뿐 아니라 일정한 감정적 색채를 포함하고 있다. 예를 들면 예 ①에서는 두 개의 대칭적 문장에서 시간을 나타내는 부사어 "在他作科长的时侯" "当他被免职的时侯"를 후치시켜 일본인에 대한 강한 증오의 감정을 표현하였다. 《漢語修辭藝術大辭典》에서는 이 문장에 대해 다음과 같이 설명하고 있다.[80]

"시간개념을 강조하여 '他'의 '得勢'與'倒霉'는 모두 일본인에 의해 조정되어, 노예의 가련한 모양을 표현하였고 또한 일본 침략자의 탐욕과 교활함을 표현하였다"

구조적으로 위의 예문들은 일반문과 비교해시 볼 배 상대적으로 독립적인 위치에 놓여 긴 수식어의 문장을 구조는 간결하고 의미는 선명한 문장으로 전환하였다.

3.4.2.1.3. 장소에 대한 강조

① 它只是一片沉着的鼓声，鼓舞你爱，鼓动你恨，鼓励你活着，用最高限度的热与力活着，在大地上。(闻一多《时代的鼓手》)
그것은 단지 침착한 북소리일 뿐이다, 네가 사랑할 수 있도록 고무하고, 네가 미워할 수 있도록 부추기며, 네가 살아갈 수 있도록 격려해서 최고의 열정과 힘으로 살 수 있게 한다, 이 대지에서.

② 我漫步着，漫步着，在少有的寂寞里。(鲁迅《秋夜记游》)
나는 거닐고 있다, 거닐고 있다, 드문 적막 속에서.

80) 楊春霖, 劉帆主編《漢語修辭藝術大辭典》745쪽, 陝西人民出版社, 1995년.
"突出强调时间概念，既表现了'他'的 '得勢'与 '倒霉'完全操纵在日本人的手心里，刻画出一副奴才的可怜相，又表现了日本侵略者的贪婪与狡猾。"

③ 谁不喜欢呢？从心里，从灵魂的深处。(吴伯箫《歌声》)
누가 싫어하겠어? 마음 속에서, 영혼의 심처에서

3.4.2.1.4. 대상에 대한 강조

① 非常的和蔼，对于女的；也好生个闷气，对于父亲。(老舍《离婚》)
매우 상냥하다, 여자에게; 또한 울분을 잘 푼다, 부친에게

3.4.2.2. "地"를 동반한 후치 변식문

① "哥们儿"，老肥叫了我一声，戚戚地。(肖亦农《白木樨紫木樨》)
"친구", 老肥가 나를 불렀다, 친밀하게.

② 我一路走，有时人们也随便称呼我，各式各样地，我记不清楚，况且相同的称呼也没有听到过第二回。(鲁迅《过路》)
내가 길을 걸을 때, 어떤 때는 사람들도 편하게 나를 호칭했는데, 각양각색으로, 내가 분명히 기억하지 못한다, 하물며 똑같은 호칭도 두 번 들은 적이 없다.

③ 鹰在赤红的天空之中盘旋，作出短促而悠远的歌唱，嘹唳地，清脆地。(丽尼《鹰之歌》)
매가 진홍색의 하늘 중에 선회하며, 촉박하고 유원한 노래를 만들어 낸다, 끼루룩하며, 맑고 깨끗하게.

위의 예들은 대부분 동작행위의 정황을 부각시켜 강조하고 있다.

3.4.2.3. 부사성의 조사"的1"동반한 후치 변식문

① 他在他一个人的深夜里，吞噬着四十来年的自己，一点一点的，这是一个秘密的工作，谁也帮不了他。(王安忆《叔叔的故事》)
그는 그 한사람만의 심야 속에서, 40여 년의 자신을 삼키고 있다, 조금씩 조금

씩, 이것은 비밀스런 일이기에, 누구도 그를 도울 수 없다.

② 它们从龌龊的地方飞出来，嗡嗡嗡的，绕住你，钉你的涂一层胶似的皮肤。(茅盾《雷雨前》)
그것들은 불결한 곳으로부터 날아 나와, 앵앵앵하며, 너를 휘감고, 너의 한층의 아교를 바른 것 같은 피부를 쫓는다.

예 ①은 동사 "吞噬"의 방식을 강조하고 있고 예 ②는 "飛出來"할 때의 상태를 강조하고 있다.

본서는 변식문을 도치된 문장성분에 의거하여 주서변식문, 술목변식문, 관중변식문, 부중변식문의 4종류로 분류하여 그 구조와 함께 수사적 작용을 고찰하여 보았다. 朱德熙는《語法講義》[81]에서 보어의 전치현상을 언급하고 있지만, 보어구조(V+得+보어)의 구조적 긴밀성과 서면어에서의 표현적 한계로 인해서 인지 필자의 분석자료에서는 술보변식문을 찾아볼 수 없었다.

상술한 4종류의 변식문은 언어의 구조와 의미 그리고 修辭의 세 가지 측면에서 일반문과 비교되는 아래와 같은 몇 가지 언어 활용상의 효과를 보여주고 있다.

(1) 구조적으로는 상용 어순과 비교해 문장성분의 도치 형태를 취함으로써 색다른 시각적 효과를 통해 독자의 주의를 이끌어 내었고, 복잡한 장문의 문장을 간결하게 하는 효과를 얻을 수 있었다.

(2) 의미적으로는 강하게 어필하고자 하는 부분을 문장성분의 도치

81) 朱德熙《語法講義》222쪽, 商務印書館, 1984년.

를 통해 더욱 강화하는 효과를 얻을 수 있었다.

(3) 수사적으로는 표현에 있어서 절박하거나 긴박한 상황을 잘 나타낼 수 있었고, 화자의 감정적 색채를 더욱 강화하는 효과를 이끌어 내고 있다.

결과적으로 중국어의 변식문은 일반문에서 표현하기 힘든 것을 보충하여, 중국어의 표현을 더욱 풍부하게 하고 있음을 알 수 있다.

이러한 변식문은 사용에 있어서 중국인에게는 서로간의 의사소통에 장애가 되지 않지만, 중국어를 제2외국어로 학습하는 외국인에게는 일종의 생소한 문형이 될 수 있다. 일반적으로 우리가 접하는 중국어 교재에서는 이러한 특수한 문형이 그리 중시되지 않고 있기 때문이라 할 수 있다. 그러나 외국인이 고급수준의 중국어를 구사하기 위해서는 이러한 문장성분의 어순 도치에 의한 변식문이 갖는 특성을 간과해서는 안 된다.

변식문의 상술한 표현효과는 외국인이 중국어에 대한 어감을 형성하는데 중요한 관건이 될 수 있고 또한 중국어를 학습하는 데 기본적인 토대가 될 수 있기 때문이다.

본서에서 서술하고 있는 변식문의 유형은 초보적 연구 단계에 지나지 않는다. 필자는 이러한 변식문을 연구방법에 있어서 더욱 체계 있게 연구하고, 아울러 복문의 논리적 도치에 이르기까지 그 영역을 확대하여 구체적인 연구 성과를 얻을 수 있다면 중국어를 학습하고 연구하는 후학들에게 중국어를 정확히 이해하고 구사할 수 있는 디딤돌이 되리라 여긴다.

參考文獻

王松茂主編《漢語語法參考資料》, 中國社會科學出版社, 1983
朱德熙著《語法答問》, 商務印書館, 1985
朱德熙著《現代漢語語法研究》, 商務印書館, 1985
郝長留著《語法辨識》, 北京出版社, 1986
中国民间文艺出版社资料室 编《歇后语大全》, 中国民间文艺出版社, 1987
王德春·陳晨編著《現代修辭學》, 江西教育出版社, 1989
錢乃榮主編《現代漢語》, 高等教育出版社, 1990
成偉鈞·唐仲揚等主編《修辭通鑒》中國青年出版社, 1991
應雨田·宋仲鑫主編《現代漢語辯難一百題》, 山西教育出版社, 1991
张开勤主编《新华句典》, 国际文化出版公司出版, 1991
姚殿芳·潘兆明《實用漢語修辭》, 北京大學出版社, 1992
邢福義主編《現代漢語》, 高等教育出版社, 1992
鄭頤壽主編《文藝修辭學》, 福建教育出版社, 1993
史锡尧·杨庆蕙主编《现代汉语》, 北京师范大学出版社, 1993
楊春霖·劉帆主編《漢語修辭藝術大辭典》, 陝西人民出版社, 1995
李貴如主編《現代修辭學》, 經濟科學出版社, 1995
王勤著《漢語修辭通論》, 華中理工大學出版社, 1995
北京大學中文系現代漢語教研室編《現代漢語》, 商務印書館, 1995
庄文中《中学教学语法和语法教学》, 语文出版社, 1999
张斌主编 陈昌来著《现代汉语句子》, 华东师范大学出版社, 2000
张斌主编 齐沪扬著《现代汉语短语》, 华东师范大学出版社, 2000
张斌主编 张谊生著《现代汉语虚词》, 华东师范大学出版社, 2000
张斌主编《现代汉语》, 语文出版社, 2000
刘月华·潘文娱·故铧《实用现代汉语语法》增订本, 商务印书馆, 2004
齐沪扬主编《对外汉语教学语法》, 复旦大学出版社, 2005
张谊生主编《现代汉语》, 中国人民大学出版社, 2013
맹주억《현대중국어문법》, 청년사, 1992
丁安琪《쉽게 기억되는 속어200》, 동양문고, 2003

鄧秀均《쉽게 기억되는 관용어200》, 동양문고, 2003
丁安琪《쉽게 기억되는 성어200》, 동양문고, 2004
류영표 · 오문의 · 이화범《고등학교 중국어문법》, 부산광역시교육청, 2010

이화범(李禾範)

1993년 성균관대학교 중어중문학과 졸업
1997년 北京대학교 對外漢語教學中心 현 對外漢語教育學院
現代漢語 전공(문학 석사)
2001년 南京대학교 漢語言文字學系 漢語語法史 전공(문학 박사)
2002년 – 2003년 영산대학교 중국학과 전임교수 역임
현재 경성대학교 중국학과 부교수

현대 중국어 문장구조의 이해

1판 1쇄 발행 _ 2016년 8월 10일
1판 2쇄 발행 _ 2019년 8월 25일

저 자 · 이 화 범
발행인 · 정 현 걸
발 행 · 신 아 사
인 쇄 · 대명프린팅
주 소 · 서울특별시 은평구 통일로 59길 4(2F)
전 화 · 02)382-6411 · 팩스 02)382-6401
홈페이지 · www.shinasa.co.kr
E-mail · shinasa@daum.net
출판등록 · 1956년 1월 5일 (제9-52호)

ISBN: 978-89-8396-943-9(93720)

정가 13,000원